I0421487

www.ingramcontent.com/pod-product-compliance
Lightning Source LLC
Chambersburg PA
CBHW060407290526
45791CB00002B/642
9780990943778

بناء اتحاد عالمي

المفتاح لحل أزماتنا العالمية

سويدا معاني يوينغ

CPGG | مركز السلام و الحكم العالمي

حلول مبدئية للمشاكل العالمية

تصميم الغلاف: رزا موستماند

ترجمة: أيام صفدي

ISBN 978-1-7331578-0-3

متوفر أيضا على شكل كتاب الكتروني

ISBN 978-0-9909437-7-8

الناشر: مركز السلام والحوكمة العالمية، واشنطن العاصمة.

طبع في الولايات المتحدة.

أهدي هذا الكتاب لكن، والذي منحني الحب والدعم ليرى هذا الكتاب النور ولمحبوبتي جيجي، التي ملأت حياتي بالبهجة والنور.

المحتويات

مقدمة

تسير البشرية ببطء وحتمية نحو المزيد من الادماج، فقد انتقلت بنجاح خلال مراحل النمو الجماعي التي اتسمت بدوائر آخذة بالاتساع من الاندماج والتجانس الاجتماعي والولاء، بدءا من الأسرة ثم القبيلة، فالمدينة-الدولة، فالأمة. وقد زاد التقدم الكبير المحرز في مجالات الاتصال والنقل والتجارة من اعتمادنا المشترك والمتزايد على بعضنا البعض، وبهذا كان من المنطقي أن تكون الوحدة التالية من الولاء الذي نتجه إليه هي العالم كوحدة واحدة. تتبع سلمية مجتمعاتنا، والتي تتبع بدورها مدى تركيز طاقاتنا على نشاطات بناء الحضارة، درجة تجانسنا الاجتماعي. إلا أن تقدمنا نحو السلمية كان متفاوتا، ففي بعض الأحيان أنجزنا الكثير وأنتجنا حضارات سلمية ومثيرة للإعجاب. وفي أحيان أخرى لم نفشل بالتقدم فحسب، بل تراجعنا أيضا إلى الوراء. إلا أن النتيجة العامة كانت النمو باتجاه المزيد من الادماج والوحدة.

ولو شبهنا نمو البشرية بنمو الفرد، ستكون حالتنا الجماعية أشبه بفترة المراهقة، والتي تتسم بالاضطراب، واختبار الحدود، والعبث بسلوكيات خطيرة والتي قد تكون لها نتائج وخيمة. أما الميزة هنا فهي أن المرحلة التالية هي البلوغ، الأمر الذي يميز طبيعة مرحلتنا الحالية ويمنحنا الأمل بأننا سنخرج من حالتنا الحالية الفوضوية والمدمرة للذات وسنظهر بعض دلائل النضوج التي طالما انتظرناها. ومن شأن هذا الأمل أن يحفزنا لنبذل الجهد في التعامل مع فترة المراهقة الحرجة بطريقة تقلل من الضرر الذي نتسبب به لأنفسنا. وستكون إحدى علامات نضوجنا الجماعي الوصول إلى المرحلة التي لا مفر منها في تطورنا، وهي فهم أن ولائنا الأول ينبغي أن يكون للبشرية جمعاء. والآن وقد توصلنا إلى هذا الفهم، علينا أن نأخذ الخطوة التالية وهي صقل المؤسسات العالمية وعمليات اتخاذ قرارات جماعية تعكس فهمنا الجديد.

تشير الكثير من العوامل إلى الحاجة لهذه الخطوة التالية ومناسبة وقتها: أولها حقيقة الترابط الوثيق بين الدول والشعوب في مجالات الحياة العديدة ومن بينها الاقتصادية والمالية والبيئية والأمنية والصحية. فأنظمة التواصل الحديثة والنقل والتجارة والتمويل تضمن عيشنا في عالم لا يمكن أن تعزل فيه دولة نفسها عن قضايا الدول الأخرى وتدعي الاكتفاء الذاتي، لأنها ليست كذلك، شاءت أم أبت. فمصالحنا متشابكة بشكل كبير، وتؤثر أحداث منطقة ما في العالم علينا جميعا. فنحن لم نتوقع، على سبيل المثال، بأن الزلزال الكبير على الساحل الشرقي لليابان في آذار عام 2011 كان سيطلق سلسلة من الأحداث التي بدأت بتسونامي بحجم 15 متر أثار قلق العلماء حول الأضرار المحتملة فيما يخص الصحة البشرية والبيولوجية على الساحل الغربي لكندا والولايات المتحدة، إلا أن التسونامي أوقف الطاقة عن مضخات التبريد في موقع محطة الطاقة النووية في منطقة فوكوشيما – دايشي مما أدى إلى الانهيار الجزئي لثلاثة من مفاعلات المحطة الأربعة وتسريب كميات كبيرة من المواد المشعة، وخصوصا سيزيوم، إلى مياه المحيط الهادئ. وأدى القلق الناتج عن هذه الانبعاثات إلى تأسيس العلماء لبرنامج مراقبة المياه الساحلية في شمال أمريكا دوريا.[1]

أما العامل الآخر فهو أن أخطر المشاكل التي تواجه البشرية هي جماعية بطبيعتها وبالتالي تتطلب الحلول الجماعية. ومن أهم الأمثلة على هذه المشاكل الاحتباس الحراري (الإحترار العالمي)، الناتج عن إطلاق كميات كبيرة من غازات الدفيئة، أهمها ثاني أوكسيد الكربون الذي ينتج في كل مكان عن حرق الوقود الأحفوري والمواد البيولوجية الأخرى لإنتاج الطاقة، مما يرفع حرارة الأرض بسرعة غير مسبوقة عبر التاريخ ويؤدي إلى الكثير من الآثار السلبية. وتشمل هذه الآثار ذوبان الأنهار والقمم الجليدية والتي تؤدي بدورها إلى ارتفاع مستويات المحيطات التي تهدد بإغراق جزر بأكملها وقطع كبيرة من المناطق الساحلية حول العالم. وسينتج عن كل هذا أراضي أقل لاحتواء الأعداد المتزايدة من السكان وأراضي أقل قابلة للزراعة لتغذية هؤلاء السكان. ويتوقع الخبراء بأن هذا الواقع سيؤدي لا محالة إلى النزاعات على الأراضي والموارد.

مثال آخر على المشاكل العالمية التي تتطلب الحل الجماعي هو انتشار

أسلحة الدمار الشامل التي تشمل الأسلحة النووية والكيميائية والبيولوجية، فهي تهدد السلم والأمن العالميين. يزرع انتشار هذه الأسلحة بذور الخوف والشك بين الدول مما يؤدي بها إلى جمع الأسلحة في سباق لا ينتهي لضمان أمنها. وكلما ازداد عدد أسلحة الدمار التي نجمعها وكلما ازداد الخوف كلما ازدادت فرص استعمال مثل هذه الأسلحة بشكل متعمد أو عن طريق الخطأ. وحتى في حال استعمال هذه الأسلحة ضمن منطقة محددة، فقد علمتنا التجارب بأن استعمالها غالبا ما تكون له آثار متتالية ومتسعة ومزعزعة للاستقرار في الدول والمناطق المجاورة، تتنقل في النهاية منها إلى دول أخرى.

ويشكل التحدي المتمثل في التعامل مع سلوك الدول المارقة الراعية للإرهاب أو المرتكبة للإبادة الجماعية أو غيرها من فظائع حقوق الإنسان على نطاق واسع مثال آخر لمشكلة عالمية تتطلب حل جماعي. فمثال سوريا يوضح التبعات الإقليمية والعالمية لمثل هذه المشاكل. بدأت الحكومة السورية، في محاولة منها للقضاء على المعارضة الداخلية، في آذار من عام 2010 باستعمال قوة مفرطة شملت الأسلحة الكيميائية ضد أفراد شعبها، وبهذا أثارت سوريا حرب أهلية وأزمة لجوء حادة أدت إلى واحدة من أسوأ الأزمات الإنسانية في زمننا الحالي. لجأ ما يزيد عن ثلاث ملايين سوري إلى خارج سوريا.[2] معظم هؤلاء اللاجئين متواجدون في دول مجاورة حيث يزيد تواجدهم من الضغوط الاجتماعية والاقتصادية التي قد تؤدي إلى زعزعة تلك الدول بدورها. ومن الأمثلة على هذا وجود أكثر من مليون لاجئ سوري في لبنان وحدها، حيث يبلغ عدد السكان الأصليين فيها 4.5 مليون نسمة فقط. ومن بين هؤلاء اللاجئين، هناك 830 ألف لاجئ مسجل في تركيا و613,000 في الأردن. وبالإضافة إلى اللاجئين خارج سوريا، تقدر المفوضية السامية للأمم المتحدة لشؤون اللاجئين نزوح 6.5 مليون سوري داخل سوريا، ما يعني أن نصف الشعب السوري اضطروا للهروب من منازلهم.[3] وبالإضافة إلى أزمة اللجوء والأزمة الإنسانية، أدى سلوك سوريا إلى حرب أهلية شجعت نمو المليشيات الداخلية ووفرت الأرض الخصبة لازدهار الشبكات الإرهابية مثل تنظيم الدولة الإسلامية في العراق والشام (والمعروفة أيضا باسم "داعش"). أدى التأثير المتزايد لداعش وأعمال العنف المرتكبة

من قبله، مثل الاعدام الجماعي والقتل خارج نظام سيادة القانون، خصوصا في دولة العراق المجاورة، إلى انتشار عدم الاستقرار في المنطقة وإلى تدخل الدول الأخرى ومنها بريطانيا وفرنسا وأستراليا والولايات المتحدة والسعودية والامارات العربية المتحدة والأردن لمنع المزيد من التدهور الذي سيؤثر على مصالحهم وعلى السلم والأمن في العالم.4

حتى المشاكل التي تبدو للوهلة الأولى محصورة في أثرها ضمن دولة أو منطقة واحدة قد تتفاقم بسرعة لتصبح قضايا ذات أهمية قصوى لأمن العالم ككل. ويزخر تاريخنا الحديث بالأمثلة على الفيروسات المنتشرة بسرعة، منها سارس وانفلونزا الطيور والايبولا، والتي يمكنها أن تتحول إلى أوبئة تهدد سلامة وحياة أعداد كبيرة من البشر حول العالم. ومن أحدث الأمثلة على هذا انتشار فيروس الايبولا القاتل عام 2014 في غرب افريقيا. ومع أن الفيروس أعتبر للوهلة الأولى مشكلة محلية أو إقليمية، إلا أن مسؤولي الصحة بعد ستة أشهر من انتشار الفيروس بدأوا بالتعبير عن مخاوفهم بسبب انتشاره السريع، قائلين أن الفيروس يتزايد باطراد وقد يهدد الأمن العالمي، وبهذا فانه يتطلب التعامل معه بسرعة وحزم. ووجدت الدول أن تهديد الفيروس للمجتمع الدولي خطير لدرجة أنه يستدعي تداول الأمر في مجلس أمن الأمم المتحدة على وجه السرعة.5 ولقد وجدت الدول أن الفيروس سينتشر وسيهدد أمن الشعوب في قارات أخرى في حال لم تبذل جهود جبارة للقضاء على الفيروس في غرب افريقيا بسبب الترابط العالمي الناتج عن أعداد المسافرين بين الدول.

بالرغم من تعدد الأمثلة على المشاكل الجماعية الأخرى إلا أن الدول ما زالت لا تفتقر لمؤسسات وآليات اتخاذ قرارات عالمية لإيجاد الحلول لهذه المشاكل العالمية المشتركة. لذلك فإن الحل الوحيد القابل للتحقيق وغير المجرب بعد هو بناء اتحاد عالمي للدول، فقد حان الوقت لتحقيق هذه الفكرة. يظهر من تعدد الأزمات العالمية التي تواجه العالم أننا متأخرين في إنشاء البنية التحتية المؤسسية المطلوبة لدعم مجتمعنا العالمي الناشئ، ويمكن معالجة هذا التأخير من خلال اتخاذ الخطوات الضرورية باتجاه إنشاء مثل هذه البنية التحتية على شكل اتحاد عالمي. ولو عدنا إلى تشبيه البشرية ككل بالفرد الذي يمر بمراحل النمو

المختلفة، سنبدأ بفهم مواجهتنا لهذا الكم من المشاكل العالمية. فكما تبدأ علامات التخلف الاجتماعي تظهر على الفرد الذي لا يمر بمرحلة أساسية من مراحل النمو أو يتأخر بها، مثل الشخص الذي يبلغ من العمر 40 عاما ويصر على التصرف كمراهق يبلغ من العمر 18 عاما وبالتالي يصبح غير قادر على تحمل مسؤوليات الزوج، الأب، أو حتى موظف معتمد، فإن البشرية أيضا تأخرت في خطوة أساسية من خطوات النمو الجماعي الخاصة بها، وبالتالي يتحتم أن تظهر عليها علامات التخلف الجماعي التي تظهر على شكل المشاكل الجماعية الاجتماعية والاقتصادية وغيرها. ويوضح هذا الفهم الرغبة الصبيانية وغير القابلة للإشباع للمستهلكين والشركات صرف مبالغ تفوق قدراتهم، بالإضافة إلى الشعور بالاستحقاق الذي يؤدي بهم للشعور بأنهم يستحقون منافع اجتماعية دون الحاجة للعمل لساعات طويلة، وايمانهم بالحق في التقاعد مبكرا أو عدم دفع ما يترتب عليهم من ضرائب. كما قد يفسر هذا الأمر عدم رغبة قادة العالم باتخاذ قرارات صعبة ولكن ضرورية لوقف الاحتباس الحراري أو صياغة اللوائح الدولية وآليات التنفيذ لضمان عدم تحمل الدول الديون المبالغ بها أو العمل بشكل مشترك لإطاحة قادة الإبادة الجماعية من السلطة. ألا تدل كل هذه الإخفاقات على عدم الرغبة في النمو والنضوج وتغيير طريقة حياتنا؟ قد يساهم هذا الفهم في توفير الحافز الذي نحتاج إليه للعمل بسرعة على إنشاء المؤسسات الضرورية واكتساب السلوكيات والعادات المطلوبة للمرحلة التالية من نمونا الجماعي والذي نأمل أن يتسم بالسلام الحقيقي والدائم بدلا من مشاهدة مشاكلنا العالمية تتكاثر وتتعمق. علينا أن نعمل بلا كلل ولا ملل لإيجاد نظام عملي لتتخذ دول العالم قرارات جماعية تحد من مشاكل العالم وتقودنا نحو السلام والأمن.

تغيير العادات ـ متطلب يسبق النجاح

في جذور مشاكلنا العالمية العسيرة هناك عدم رغبة بالاعتراف بأن بعض عاداتنا وافتراضاتنا وتوجهاتنا وسياساتنا وقوانيننا ومؤسساتنا لم تتوقف فحسب عن خدمة مصالحنا الفضلى أو انتاج سعادتنا، وإنما تتسبب لنا بالأذى. علينا أن نغير أولا طرقنا العتيقة في الوجود لنحرز التقدم ونحل مشاكلنا العالمية الهائلة، بدلا من التضحية بأنفسنا للمحافظة عليها.

ومن أهم التغييرات التي ينبغي احداثها هي ترك عادة النفعية والتي تؤدي بنا إلى اتخاذ قرارات مبنية على المصالح المحدودة وقصيرة الأمد، فقد يبدو هذا النهج في حل المشاكل العالمية وكأنه يحل المشكلة الآنية على المدى القصير، إلا أنه غالبا ما يؤدي إلى انتاج مشاكل جديدة على المدى البعيد لم نتوقعها بسبب تركيزنا على المدى القصير. على سبيل المثال، نجح تدريب وتسليح المجاهدين لقتال الجيش السوفيتي في أفغانستان في إخراج الاتحاد السوفيتي من أفغانستان، إلا أنه تسبب بمشكلة جديدة لأمريكا كانت على شكل الطالبان، مما اضطر أمريكا للدخول في حرب جديدة للقضاء على الطالبان وبقيت غارقة في تبعات تلك الحرب لسنوات عديدة. كما أدت مثل هذه الحسابات قصيرة الأمد بالحكومات إلى الخضوع للضغوط الشعبية بعد كارثة فوكوشيما النووية في اليابان والإعلان عن إغلاق عدد من محطات الطاقة النووية واللجوء بدلا من ذلك إلى الوقود الأحفوري غير النظيف، وخصوصا الفحم، كمصدر بديل للطاقة. وبهذا، فإن السياسيين مستعدين لاتخاذ خطوات يعلمون أنها تفاقم من مخاطر الاحتباس الحراري، مع ما يرافقه من التبعات الخطيرة طويلة الأمد على حياة شعوبهم وباقي سكان العالم، ببساطة بهدف تلبية مصالحهم السياسية قصيرة الأمد.

أما مشكلة النفعية الأخرى فهي أن الحلول المبتكرة استجابة للمشاكل المختلفة عادة ما تتعارض مع بعضها البعض بل وتقوض من بعضها البعض.

على سبيل المثال، ادعى المجتمع الدولي بعد الإبادة العرقية التي ارتكبت في رواندا بأنه لن يقف مكتوف اليدين ويسمح لمثل هذه الانتهاكات الصارخة لحقوق الإنسان، إلا أن المخالفات الخطيرة التي ارتكبتها الحكومة السودانية ضد شعب دارفور والتي بدأت عام 2003 وأدت إلى مقتل 480 ألف شخص على الأقل ونزوح أكثر من 2 مليون آخرين، وجد المجتمع الدولي نفسه مشلولا مرة أخرى. ولم يتمكن مجلس الأمن، وهو وكالة الأمم المتحدة المسؤولة عن المحافظة على السلم والأمن العالميين، من اتخاذ قرار يفرض العقوبات على السودان في محاولة منه لوقف الإبادة العرقية لأن الصين، أحد أعضاء مجلس الأمن الدائمين، استثمرت بشكل كبير لتأمين امتيازات انتاج النفط السوداني بهدف تلبية مطالب الطاقة المتزايدة في الصين، هددت باستعمال حق الفيتو ضد أي عقوبات قد تهدد هذه المصلحة الذاتية المحددة. لسوء الحظ، أصبحت عادة النفعية متجذرة بعمق في علاقاتنا الدولية، إلا أن الوقت قد حان لأن يتخذ قادة العالم خطوات لضمان تبني عادة بناءة أكثر، وهي اعتماد النظرة طويلة الأمد لمصالح البشرية المشتركة عند محاولة حل أي مشكلة عالمية.

بناء اتحاد عالمي

بعد إيجاد البيئة النفسية والاتجاهية الصحيحة بين الدول، يصبح السؤال كيف نبدأ بإنشاء اتحاد عالمي؟ من المفيد دراسة التشبيه التالي: عندما نخطط لبناء مبنى جديد، نبدأ بتصميم اشتغل عليه مهندس كفؤ ومبدع يعمل على دراسة احتياجات مستخدمي المبنى وأهدافه، لأن المهندس يجمع ما بين الخيال والمهارة لإنتاج التصميم. إلا أن التصميم وحده لا يكفي: لن يتحقق أي بناء إن لم تتوفر لنا المواد والأدوات والمعدات المناسبة للعمل. وأخيرا، ندرس التجارب السابقة للمتمرسين في مجال البناء ونستمع إلى نصائحهم لتجنب المشاكل المعقدة، ولتحذيرنا من الأخطاء الشائعة، ولتشجيعنا. وعند تطبيق هذا التشبيه أثناء عملنا على بناء اتحاد عالمي للدول سنتمكن من تصميم اتحاد يحل مشاكلنا العالمية بفعالية وبشكل دائم. يمكننا أن نبني على عمل المفكرين والنماذج التاريخية للتوصل إلى تصميم يلبي احتياجاتنا. كما يمكننا تحديد مجموعة من المبادئ التأسيسية للعلاقات الدولية التي يمكن أن نعتمدها كأدوات لتنفيذ تصميمنا والاتفاق عليها. أما المواد التي نعمل معها فهي الظروف الواقعية المحيطة بأي مشكلة عالمية. كما يمكن للتجربة الأمريكية فيما يتعلق بتكوين ولاية فدرالية تطبق مبادئ فدرالية معينة أن تشكل دليلا مفيدا. أي أن هذا بالملخص يشكل معادلة كاملة للعمل، وسنقوم بدراسة كل عامل من عوامل المعادلة على انفراد.

مخطط البنية التحتية المؤسسية

ينبغي أن تنطوي البنية التحتية لحكومة فدرالية عالمية على بعض المؤسسات المهمة على أقل تقدير.

مجلس تشريعي عالمي

أول هذه العوامل هو المجلس التشريعي العالمي، والذي سيُنتَخَب أفراده من قبل شعوب كل دولة ودولة وسيُصادق عليهم من قبل حكومات تلك الدول. وسيقر المجلس التشريعي القوانين الضرورية لتنظيم علاقات جميع الشعوب والدول، ومعالجة التحديات والاحتياجات المشتركة. يمكن لنا أن نتخيل أن تشمل هذه القوانين بعض اللوائح المالية لحمايتنا من أنواع الأزمات المالية التي أصبحنا معرضين لها. كما قد تشمل الأنظمة التي تتعلق بأنواع وكميات الطاقة التي نستعملها لضمان عدم استمرارنا بتلويث بيئتنا وخلق المشاكل التي تهددنا بالكوارث مثل الاحتباس الحراري. هذا بالإضافة إلى أنظمة الغذاء والمياه لضمان وصول الكمّ العادل والكافي من المياه النظيفة والغذاء الصحي إلى الجميع، وقواعد حول انتاج الأسلحة وانتشارها بالإضافة إلى القواعد التي تحدد الظروف التي يمكن للحكومة الفدرالية خلال استعمال القوة لفرض السلام أو المحافظة عليه.

ستُمنح بعض الحقوق لهذا المجلس التشريعي والتي كانت سابقا تتمتع بها الدول، والتي عليهم أن يوافقوا على التنازل عنها، وتشمل هذه الحقوق جميع الحقوق في الاحتفاظ بالأسلحة باستثناء الكم الضروري للمحافظة على النظام الداخلي ضمن حدودها الوطنية، بالإضافة إلى جميع الحقوق بالدخول في حرب تبعا لمبدأ موافقة المجلس التشريعي العالمي على استعمال القوة بشكل جماعي فقط وخدمة للعدالة. كما ستتنازل الدول للمجلس التشريعي عن بعض الحقوق في فرض الضرائب، مما سيمنح المجلس التشريعي العالمي الأموال لتعزيز وتحسين ظروف الإنسانية. يسهل تخيل استعمال هذه الأموال للبحث عن وسائل لعكس أو تخفيف الاحتباس الحراري أو اكتشاف مصادر نظيفة ومتجددة للطاقة أو جيش دائم دولي للمحافظة على السلم العالمي. كما وستمنح الدول للمجلس التشريعي سلطة كاملة وحصرية على موارد الأرض بصفته الوصي على كامل البشرية، وتشمل هذه الموارد تلك الموارد التي لم يتم اكتشافها واستغلالها بعد، والتي سيتم استغلالها واستعمالها بشكل كامل لمصلحة البشرية جمعاء. وسيبذل المجلس ما

بوسعه لاستغلال جميع الموارد المتوفرة للطاقة. ولتحقيق كل هذا، سيقوم المجلس باستغلال الطاقة السياسية والاقتصادية الهائلة والتي كانت حتى الآن تضيع على الحرب، وسيقوم بتنظيم جميع الموارد الاقتصادية في العالم، من خلال تنسيق وتطوير الأسواق العالمية وضمان تنظيم توزيع المنتجات بشكل عادل.

محكمة دولية

تشكل المحكمة الدولية مؤسسة مهمة أخرى وهي بمثابة المحكمة العليا للعالم والتي ستوكل إليها سلطه الفصل في جميع النزاعات الناشئة بين الدول وجميع العوامل التي تشكل الحكومة الفدرالية. وأثناء أداءها هذه المهام، ستكون للمحكمة الدولية سلطة القضاء الإلزامي في جميع القضايا التي تهدد السلام، حتى لو لم يوافق الأطراف في القضايا طوعا على الخضوع لسلطانها، وستكون قراراتها ملزمة وقابلة للإنفاذ.

السلطة التنفيذية العالمية

تشكل السلطة التنفيذية العالمية كذلك مؤسسة مهمة في نطاق الحكومة الفدرالية العالمية. وستتمتع السلطة التنفيذية بسلطة إنفاذ القوانين الدولية التي يقرها المجلس التشريعي العالمي وإنفاذ قرارات المحكمة الدولية، كما ستعالج بشكل عام أي خروقات تتعلق بالسلام، وبهذا فإنها ستحمي الوحدة العضوية في دولة العالم العظمى. ولتحقيق هذه الأغراض، سيكون تحت تصرفها جيش دائم يتألف من قوى الوحدات الفدرالية مجتمعة، وبالتالي فهو ممثل لجميع الدول. سيتصرف هذا الجيش تبعا لمصلحة البشرية الجماعية للمحافظة على السلام وإنفاذ القوانين الدولية وقرارات المحكمة الدولية. وستكون أعماله خاضعة لتوجيهات السلطة التنفيذية العالمية، والتي ستتصرف بدورها تبعا لقواعد القانون التي وافق عليها الجميع مسبقا.

المبادئ التأسيسية هي أدواتنا

ولأغراض بناء اتحاد عالمي، علينا أن نطبق مجموعة من المبادئ التأسيسية دون تهاون. علينا أولا أن نحدد هذه المبادئ ونتوصل إلى اجماع بين الدول حولها مع التزام لتطبيقها دون تهاون. وبعد اتخاذ هذه الخطوات، يمكننا أن نبدأ بتطبيق هذه المبادئ وكأنها أدوات ذات هيكل ملموس، لتشكيل مؤسساتنا الفدرالية العالمية. لسوء الحظ، لم تعتاد دولنا على اتباع هذا النهج ثلاثي الخطوات. وأكد على هذا النهج الهيئة الحاكمة للبهائيين في وثيقة صدرت عام 1985 ووجهت لشعوب العالم. وعرضت الوثيقة الملاحظة التالية: "سينجح قادة الحكومة وجميع من هم في السلطة في جهودهم لحل المشاكل في حال سعوا أولا إلى تحديد المبادئ ذات الصلة واتبعوها".[6]

منذ ذلك الوقت، توصل مفكرين عظماء آخرين في زمننا إلى نفس الاستنتاج، من بينهم من شغل منصب وزير خارجية بلاده بالإضافة إلى عمله في عدد من الهيئات الدولية رفيعة المستوى ومدير واحدة من أهم المنظمات غير الحكومية المرموقة في العالم في مجال تسوية النزاعات، والذي قال، "لا بديل للعودة إلى المبادئ الأولى، والتوصل إلى التوافق حولها، ومن ثم تطبيقها."[7]

إذا، ما هي هذه المبادئ التأسيسية التي قد تعمل كأدواتنا لبناء اتحاد عالمي؟

الوحدة

لربما تكون وحدة البشرية أهم هذه المبادئ التأسيسية، فجميع البشر خلقوا كرماء ومتساويين بغض النظر عن اللون، الجنس، الجنسية، الثروة أو التعليم، كما أن نفس الروح تحركنا، والتي تبني داخلنا آمال ومخاوف وقدرات متشابهة. ونتشارك بنفس الآمال والأحلام التي تشمل عيش حياة تتم فيها تلبية احتياجاتنا الأساسية، حيث يحصل أبنائنا على التعليم، ويتمتعون بالصحة والسلامة، ونحقق حياة ذات معنى من خلال المساهمة في حضارة في تقدم دائم. كما نتشارك في نفس مخاوف العوز، والمعاناة، والحياة الخالية من أي معنى. وعند التفكير

بالأمر، يبدو أن معظم مشاكلنا في هذا الزمان تعزى إلى قلة الوعي بهذا المبدأ المهم.8 بعد أن يحقق قادتنا فهم عميق لمبدأ الوحدة هذا، وبعد أن يضعوه في صلب المبادئ التشغيلية للعلاقات العامة، سنتمكن من بناء مؤسسات اتخاذ القرار الجماعية والتي تمثل البشرية بحق وتمنح كل دولة وكل شعب صوتا مع تمكين تسوية المشاكل بسرعة وفعالية في آن واحد. إن مبدأ الوحدة أداة تأسيسية لبناء اتحاد عالمي لأن هذا المبدأ هو القلب النابض للعلاقات الأساسية التي تربط الأمم والشعوب معا كأفراد الأسرة البشرية الواحدة.

مبدأ المساواة

مبدأ معاملة الدول بمساواة ناتج عن مبدأ الوحدة. ويتطلب تطبيق هذا المبدأ تحقيق جميع الدول لاستقلالها عند بناء اتحاد عالمي، بمعنى أنها غير خاضعة لا إراديا لأي استعمار أو لأشكال حكومية مثل الأنظمة الاستبدادية التي تحرم شعوبها الحريات الأساسية مثل حرية التجمع والتعبير والمعتقد. ويمكن اعتبار تجربة الولايات المتحدة كدليل قيم: فمثلما ينص دستور الولايات المتحدة على الاستقلالية المتكافئة لجميع الولايات، ينبغي أيضا أن تتمتع دول العالم بمكانة متساوية ضمن الاتحاد العالمي. ويعني مبدأ المساواة أيضاً التمثيل العادل للدول ضمن الحكومة الفدرالية، أي أن الإنصاف والعدالة تملي عدم تمتع أي مجموعة أو دولة بصوت أو رأي أكبر في القرارات الجماعية مما يضعها في موقع هيمنة، ببساطة لأنها تؤمن بأنها أعلى شأنا، بدلا من اعتماد نظام تمثيل عادل منطقي وجماعي متفق عليه.

العمل من أجل المصلحة الجماعية

من المبادئ القوية الأخرى تحقيق مصلحة الجزء من خلال ضمان مصلحة الكل، وعدم وجود مزايا طويلة الأمد للجزء على حساب مصلحة الكل. بمعنى آخر، لا يمكن لأي دولة ضمان مصالحها الذاتية إلا من خلال العمل على المصلحة الجماعية لجميع الدول. تعلمت دول غرب أوروبا هذا الدرس بعد الحرب العالمية

الثانية، فقد سعت دول أوروبا بعد دمار بنيتها التحتية واقتصادها إلى تأمين الفحم والصلب بشروط متماثلة لإعادة بناءها. كما أرادت ضمان أن الوصول المميز للفحم والصلب لن يسمح لألمانيا بشن حرب أخرى. وكان الحل المتفق عليه في نهاية المطاف جمع جميع موارد الفحم والصلب تحت إدارة سلطة عليا منحت صلاحيات واسعة لضمان وصول كل دولة عضو للفحم والصلب الذي تحتاج إليه بشروط متكافئة وأن جميع منتجات ومبيعات هذه المواد شفافة للجميع. وبهذا ولد السوق المشترك للفحم والصلب، وعرف باسم الجماعة الأوروبية للفحم والصلب. ومن الجدير بالذكر أن الدول التي شكلت هذه الجماعة الجديدة انضمت فقط بعد مشاورات وتحليلات طويلة أدت بكل منها للاستنتاج، من وجهة نظرها السياسية والاقتصادية والتاريخية، بأن مصلحتها ستتحقق من خلال العمل مع الدول الأخرى من أجل المصلحة الجماعية لجميع الأعضاء بدلا من العمل وحدها. كما يذكر أن كل من الدول الستة المؤسسة، بعد فهمها لهذا المبدأ الأساسي، تخلت طوعا عن جزء من سيادتها على هذين المصدريين الرئيسيين – المساوين للنفط والغاز اليوم – لهيئة عليا تعمل من أجل المصلحة المشتركة للجميع. والأهم من كل هذا، لقد أدى إنشاء مؤسسة مبنية على مبدأ الحاجة للعمل من أجل ميزة جماعية (بالإضافة إلى مبادئ أخرى ذكرت أعلاه) إلى تحقيق السلام في أوروبا بعد عقود من الحروب المتقطعة وشكل الخطوة الأولى في الانتقال التدريجي نحو تطور ما يعرف اليوم بالاتحاد الأوروبي، الاتحاد الذي يضم حاليا ثمانية وعشرون دولة أوروبية.

الحد من السيادة الوطنية بالتزامن مع تجنب المركزية المفرطة

يرتبط مبدأ الحاجة إلى الحد من السيادة الوطنية بشكل وثيق مع مبدأ الحاجة إلى أن تعمل الدول تبعا لمصلحة الجميع وينتج عنها. ويتطلب هذا المبدأ أن توضع جميع الدوافع الوطنية بعد متطلبات العالم الموحد. ومع أن هذا المبدأ يستدعي أن تكون جميع الدول على استعداد للتنازل عن السيطرة على بعض السلطات الهامة التي تمتلكها في المجالات التي يخدم فيها العمل الجماعي مصالحهم بشكل أفضل

من العمل الفردي، إلا أنه لا يهدف للتخلص من الدول القومية. كما أنه يعترف بأن هذه الدول ذات مهام مفيدة ككيانات محددة مسؤولة عن رعاية وحماية شعوبها، ومسؤولة أمامها وأمام المجتمع الدولي عن أي فشل في تحمل هذه المسؤولية الهامة. كما لا يهدف هذا المبدأ إلى القضاء على حب الوطن الذي يحفز المواطنين في كل دولة على المساهمة في التقدم بالفنون والعلوم والتعليم والصحة والرفاه في بلدهم، ولا يسعى لفرض الوحدة المبنية على التماثل. على العكس تماما، من المهم أن تستمر الدول القومية بممارسة السلطة في بعض المجالات لتجنب مخاطر المركزية المفرطة من جهة ولتشجيع التنوع والمحافظة عليه ضمن سياق الاتحاد الموحد للدول.

أدوات أخرى

إن المبادئ المحددة أعلاه هي الأهم والأكثر أساسية في بناء اتحاد عالمي، إلا أن هناك مبادئ أخرى، منها مبدأ استعمال القوة فقط في خدمة العدالة وللمصلحة العليا، وتبعا للقواعد المتفق عليها من قبل جميع الدول في الاتحاد. لا يظهر بأن البشرية وصلت إلى نقطة في تطورها تجعلها قادرة على الاستغناء عن استعمال القوة تماما، إلا أن استعمالها ينبغي أن يكون محصورا ومنظما إلى حد كبير، حيث تستعمل فقط بعد قرار جماعي صادر عن مؤسسات تمثل جميع دول وشعوب العالم بناء على القواعد المتفق عليها بشكل جماعي ومن قبل قوة تمثل جميع الدول في العالم. تبعا لهذا النظام، ينبغي أن تحد جميع الدول من كميات أسلحتها إلى الحد الأدنى المطلوب للمحافظة على السلام والنظام ضمن حدودها. أما الأسلحة الأخرى فينبغي تدميرها. وفي حال خالفت دولة شروط اتفاقية دولية حول السلام والأمن، على الدول أن توافق على اجتماع جميع دول العالم للإطاحة بتلك الحكومة واستبدالها بحكومة قادرة على العمل كعضو مسالم في مجتمع الدول. ولتحقيق هذا، ينبغي أن يكون لمجتمع الدول جيش دولي دائم تحت تصرفه.

دروس استُخلصت من أمريكا وأوروبا

بعد أن يوافق قادة الدول على مخطط الاتحاد العالمي والمبادئ التأسيسية التي ستطبق في بناء الاتحاد العالمي، سيجدون أن التجربة الأمريكية في بناء دولة فدرالية والتجربة الأوروبية المستمرة في تعميق الادماج توفر دروس قيمة حول ما يجب فعله وما يجب تجنبه.

التجربة الأمريكية

تستحق العديد من نواحي التجربة الأمريكية الخاصة بالانتقال من مجتمع منقسم يضم الدول المتنوعة والمرتبطة ببعضها البعض بشكل فضفاض إلى اتحاد الدراسة عن كثب أثناء سيرنا نحو اتحاد عالمي. ففي الأيام التي سبقت الاتحاد، انتشرت الشكوك في المستعمرات السابقة حول إمكانية إنشاء اتحاد أمريكي، حيث اعتقد الكثيرون بأن هناك عقبات كبيرة لا يمكن التغلب عليها أمام هذا الإنجاز. وكان هذا الرأي مبنيا على حجة المصالح المتنازعة وانعدام الثقة والاختلافات بالطريقة التي كانت تحكم فيها المستعمرات السابقة وبعاداتها. بعد الكثير من النقاشات المحتدمة، استنتجت الولايات الكونفدرالية بأنها ستكون أفضل حالا من جميع النواحي ـ الاقتصادية والعسكرية والاجتماعية ـ إذا اتحدوا مقارنة ببقائهم مجرد ثلاثة عشر دولة قومية مرتبطة ببعضها البعض بشكل فضفاض.

وإذا تأملنا في آخر 225 سنة فقط، نلاحظ التغير الكبير في الظروف، مما جعل المخاوف السابقة عديمة الصلة. وبالتالي، على ضوء التقدم الكبير في الاتصالات والنقل اليوم، فإن تحويل العالم إلى اتحاد سيكون أسهل من اتحاد الولايات المتحدة، وسيكون توحيد دول العالم أقل تعقيدا مما واجهته الولايات الأمريكية، بالرغم من الأمور المشتركة بينها فيما يخص التقاليد واللغة.

أما الناحية الأخرى في التجربة الأمريكية والتي لا يمكن تجاهلها فهي المعاناة الهائلة التي رافقت تعميق الاتحاد الأمريكي في النصف الثاني من القرن التاسع عشر، فما أدى إلى اتحاد المستعمرات المختلفة في دولة أو أمة واحدة كان

حربا أهلية عنيفة كادت أن تمزق الجمهورية الأمريكية. وبالتالي علينا أن نكون مستعدين للسير في طريق صعب وشائك، لأن التغيرات العميقة والأساسية في هيكل المجتمع لن تتحقق ببساطة من خلال الاعتماد على الدبلوماسية والتعليم. علينا أن نعد أنفسنا للمعاناة الجسدية الكبيرة بالإضافة إلى المعاناة الذهنية والتي يبدو أنها تسبق وترافق التغيرات التاريخية التي تميز أهم اللحظات التاريخية في تاريخ الحضارة البشرية. ومن المرجح أننا سنضطر لتحمل تغيرات وكوارث عالمية خطيرة، غير مسبوقة في حدتها وشدتها، قبل أن نلحم الدول غير موحدة حاليا لتصبح اتحادا عالميا وطيدا. كما وقد تكون هذه المحن العالمية ضرورية في الخطوة التالية في تطورنا الاجتماعي ولنزرع في قادتنا الشعور بالمسؤولية والهمة التي سيحتاجون إليها لقيادتنا.

الجماعة الأوروبية للفحم والصلب والاتحاد الأوروبي

بالإضافة إلى التجربة الأمريكية، راقب العالم منذ منصف القرن العشرين التجربة الأوروبية الكبرى وتعلم منها: انتقال أوروبا البطيء والمتعرج نحو ما قد يصبح الولايات المتحدة الأوروبية. من الصعب تصديق أنه لم يتم إنشاء المؤسسة الأولى، الجماعة الأوروبية للفحم والصلب، والتي شكلت أساس ما يعترف اليوم بالاتحاد الأوروبي، إلا في العام 1952. وفرت هذه المؤسسة منتدى للتعاون بين الفرنسيين والألمانيين حول الفحم والصلب، أساسيات وجودهم الاقتصادي. قبل إنشاء الجماعة الأوروبية للفحم والصلب، ان هناك تاريخ طويل من الكراهية الشديدة بين الفرنسيين والألمان، فكانت الإشارات شائعة في أدبهم إلى الكراهية التي كانوا يفتخرون بتغذيتها منذ الصغر وإلى الاعتقاد الراسخ بأن الكراهية بينهم لن تتغير وستؤدي بهم إلى الاختلاف دائما. كان تاريخهم الحافل بالحروب التي خاضوها ضد بعضهم البعض دليل كاف على عدائيتهم القديمة. إلا أن إنشاء الجماعة الأوروبية للفحم والصلب غيّرت الحرب إلى السلام والتعاون في سلسلة من مشاريع المصلحة المشتركة.

مثل التجربة الأمريكية، تطلبت ولادة الاتحاد الأوروبي معاناة كبيرة جاءت

على شكل حرب عالمية ثانية مدمرة ودموية. منذ إنشاءه، تطور الاتحاد الأوروبي بحسب رؤيا جان مونيه، مؤسس الجماعة الأوروبية للفحم والصلب، من خلال عملية الادماج التدريجي والتي شبهها بإضافة حلقات في سلسلة من الاتحاد المتزايد. وبهذا، مع ان الاتحاد الأوروبي لم يصل إلى مرحلة اتحاد فدرالي، إلا أن يقدم لنا دروس حول العمليات والمؤسسات التي يمكن الاقتداء بها وتلك التي يتوجب تجنبها.

تكشف تجربة أوروبا بعد الحرب العالمية الثانية بأن الدول قادرة على التنازل عن السيادة في قطاعات مهمة من اقتصادها إذا كانت مقتنعة بأن مصلحتها الفضلى تتحقق بذلك. مهمتنا هي صياغة حجج مقنعة وقوية بأن مصلحة كل دولة تكمن في التنازل عن السيادة في بعض المجالات المحدودة من سلطانها لمجلس تشريعي أعلى من المستوى الوطني والذي سيخدم مصالحها على نحو أفضل مما لو تصرفت الدولة منفردة لخدمة تلك المصالح.

عندما انتهت الحرب العالمية الثانية، كانت الدول في أوروبا غارقة في دمار اقتصادي ومادي. بذلت دول أوروبا الغربية جميع جهودها في إعادة الاعمار الاقتصادي، ولتحقيق ذلك احتاجت إلى كميات كبيرة من الفحم والصلب. كان الصلب ضروريا لمجموعة من الأغراض، منها بناء سكك الحديد، والأبنية، والجسور، والسفن، والمركبات والمعدات. ومع أن الطلب على الصلب كان كبيرا، كان هناك نقص في المواد الخام لإنتاجه، خصوصا الفحم المستخدم لتشغيل الأفران التي تنتج الصلب، أي أنه لم يكن بالإمكان الاستغناء عن الفحم والصلب في إعادة بناء أوروبا وتعافيها الاقتصادي. وكان الدور الذي لعبه الفحم والصلب في النمو الاقتصادي الأوروبي وسلامته مشابها إلى حد كبير لدور النفط والغاز والطاقة النووية في النمو الاقتصادي للدول اليوم. وتمتعت ألمانيا دائما بالكثير من الفحم الطبيعي، إلا أنها أطلقت شرارة الحربين العالميتين على أساس قوتها في مجالي صناعة الفحم والصلب. وكان السؤال، ماذا سيكون مصير الفحم والصلب الألماني؟ افترضت دول غرب أوروبا المنتصرة التي احتلتها ألمانيا بأنها ستمنح حق الوصول إلى فحم وأسواق ألمانيا في حين سيتم خفض انتاج ألمانيا من الصلب بشكل كبير.[9]

اشتهرت ألمانيا بالفحم، وخصوصا الفحم الكوك المستخدم في صناعة الصلب، ولطالما طمعت فرنسا بهذا الفحم كمصدر رئيسي للقوة الاقتصادية وشعرت بالضعف أمام القوة الاقتصادية لألمانيا الصناعية.[10] لم تكن فرنسا غنية جيولوجيا بالفحم واعتمدت على ألمانيا لتأمينها بالفحم، ولهذا فلا عجب بأن المنافسة على هذا المصدر شكلت مصدر نزاع في أوروبا لفترة طويلة وغذت الرغبة بالاستحواذ على الأراضي، خصوصا بين فرنسا وألمانيا. انتقلت ملكية المقاطعة الفرنسية ألزاس-لورين الغنية برواسب الحديد الخام بين الدولتين في الأعوام 1871 و1918 و1940 و1945. بعد الحرب العالمية الأولى، أدارت عصبة الأمم مقاطعة سار الألمانية الغنية بالفحم وهذا بين الأعوام 1919 و1935، ومنحت فرنسا السيطرة على مناجم هذه المقاطعة كتعويض عن الضرر الألماني لمناجم الفحم الفرنسية. وفي عام 1923، احتلت القوات الفرنسية والبلجيكية حوض رور الألماني المنتج للفحم كتعويض عن فشل ألمانيا في دفع حصتها من تعويضات الحرب بحسب اتفاقية فيرساي التي أنهت الحرب العالمية الأولى.[11]

بعد الحرب العالمية الثانية، احتاجت فرنسا مرة أخرى إلى الفحم الألماني لإعادة البناء وسيطرت على مناجم سار بين الأعوام 1945 و1957. ووضع التعافي المستمر لقطاع الصلب الألماني الدولتين على مسار اصطدام آخر من المنافسة والتي أدت إلى مخاوف خوض حرب مدمرة أخرى وزيادة على ذلك كون الفحم والصلب متطلب أساس للقوة العسكرية.

استنتج كل من رئيس وزراء بريطانيا في زمن الحرب وينستون شيرشل والرئيس الأمريكي فرانكلين روزفلت بأن أفضل طريقة لتأخير جمع ألمانيا للأسلحة وإطلاق حرب جديدة هي تفكيك قطاعي الفحم والصلب في ألمانيا من خلال إجبارها على نزع صناعاتها والحد على انتاج الصلب. دعمت فرنسا هذه السياسة، أملا منها بأن تقسيم ألمانيا مع تفكيكها صناعيا سيضعفها بشكل دائم.[12] واتبعت فرنسا سياسة تحقيق التنافسية العالمية لاقتصادها، مع ضمان الأمن والسلام من خلال تحديد كميات الصلب الألماني بالتزامن مع تقوية قطاع الصلب الفرنسي من خلال الوصول إلى فحم الكوك الألماني وأسواق ألمانيا. كما

وأرادت فرنسا أن يصبح حوض رور منطقة دولية خارج سيطرة ألمانيا بالإضافة إلى تفكيك قطاع الصلب الألماني.[13]

بالفعل، تم الحد من انتاج الصلب الألماني بداية من قبل مجالس التحالف لضبط الفحم والصلب والحكومات العسكرية ووضعت مصانع انتاج الصلب الألماني في بعض المناطق تحت سلطة الحكومات العسكرية الأمريكية والبريطانية. كما وتفككت التكتلات الاحتكارية على الفحم والصلب في ألمانيا وعملت الشركات الكبيرة معاً لخفض تركيز القوة الاقتصادية في القطاع.[14]

أدركت المملكة المتحدة والولايات المتحدة بسرعة أن إضعاف وتقسيم ألمانيا ليس بالفكرة الجيدة: فألمانيا القوية والموحدة والمتعافية اقتصاديا تحت ظروف قابلة للسيطرة في مصلحة أوروبا الفضلى، على ضوء دور ألمانيا المهم في إعادة تأهيل أوروبا اقتصاديا.[15] كما ظهر تهديد جديد على الأفق، تمثل بالشيوعية وجمهوريات الاتحاد الأوروبي الاشتراكية، فاعتُبِرت ألمانيا مصد لحماية باقي أوروبا الغربية من تهديد التوسع السوفييتي.[16] ولتحقيق هذا الغرض، كان يجب أن تكون ألمانيا في قلب المخيم غير-السوفيتي بقوة وحزم مما حفز تسريع التعافي الاقتصادي الالماني. ومع سلامة قطاعي الفحم والصلب لديها، حققت ألمانيا بحلول العام 1949 تعافي اقتصادي متميز، في حين احتاجت فرنسا بشدة للفحم والصلب الألماني بشروط ميسرة لتعافيها. كما أن فكرة دولة ألمانيا الغربية الموحدة والمعاد تشكيلها زاد من مخاوف فرنسا. بالملخص انشغلت كل دولة أوروبية بالطريقة التي ستؤمّن بها ما يكفي من الفحم والصلب لإعادة بناء بنيتها التحتية وإنعاش اقتصادها بالتزامن مع السعي للسيطرة على صناعات ألمانيا الثقيلة ومنع إعادة بناء آلة الحرب الألمانية التي يمكن أن تستخدم ضد فرنسا مرة أخرى، فكان من الضروري السيطرة على العدوانية الألمانية لتجنب إطلاق حرب أخرى بسبب الوصول السهل إلى الفحم والصلب أو بسبب الرغبة بالاستحواذ على الأراضي الغنية بهذه السلع.

وصلت دول أوروبا إلى طريق مسدود، ولربما كانت ستبقى كذلك لولا الخطة المتميزة التي أنتجها جان مونيه، مفوض التخطيط في فرنسا. كان مونيه ذكيا وذو بصيرة نافذة وسعى لما فيه مصلحة بلاده لأنه كان فرنسيا، إلا أنه لم

يكن وطنيا بمعنى أنه لم يكن يسعى لتحقيق مصلحة فرنسا على حساب الدول الأخرى المجاورة، ومنها ألمانيا، فقد كان يؤمن بأن نجاح بلده والبلاد الأخرى في أوروبا يتطلب إيجاد الحلول التي تعود بالفائدة على الجميع ومعاملة الدول بروح المساواة. كما كان يؤمن بقوة بمبدأ الإدارة المشتركة للمشاكل المشتركة، والعمل على ادماج المصالح المشتركة بدلا من محاولة تحقيق التوازن بين المصالح الوطنية المتضاربة. وبناء على هذه المبادئ، صمم برنامجا مشتركا لإنتاج واستهلاك الفحم والصلب ما بعد الحرب، والذي نتج عنه تغير كامل في سياسة فرنسا، بعيدا عن المواجهة والسيطرة على ألمانيا وباتجاه تعاون أعمق مع عدو فرنسا التاريخي.

آمن مونيه بشدة بأن أوروبا ستستفيد من الاتحاد على شكل الولايات المتحدة الأوروبية، إلا أنه كان حكيما وعلم أن سكان قارة أوروبا كانوا غير جاهزين بعد لتقبل هذه الفكرة وبهذا سيرفضونها. لهذا، حضر خطة ذكية تمنح الدول الأوروبية مثل فرنسا وألمانيا فرصة العمل بتعاون وثيق في قطاع محدد من الاقتصاد، وتحديدا الفحم والصلب، وإدارة هذه الموارد بشكل مشترك. كما آمن أن نجاح هذه التجربة سيمنح دول أوروبا الثقة والرغبة بإدماج ثرواتهم في مجالات أخرى وإضافة حلقات صغيرة في سلسلة ادماج متنامية تؤدي في النهاية إلى اتحاد أوروبي، حتى لو تطلب الأمر فترة زمنية أطول. اقترح مونيه، بناء على الأهمية المركزية للفحم والصلب للقوة الاقتصادية والعسكرية للدول الأوروبية وسلامها، تجميع قطاعات الفحم الصلب في فرنسا وألمانيا وأي دولة أوروبية أخرى راغبة بالمشاركة في هذا المشروع تحت إدارة مؤسسة عليا متفق عليها بشكل مشترك – سلطة عليا – تعمل لصالح المنفعة المشتركة للدول الأعضاء. كما وشمل مشروعه إنشاء نقابة جمارك وسوق مشترك لهذه المنتجات، والتي ستضمن السلطة العليا ضمنها توريد الفحم بشروط متكافئة للدول المشاركة.[17] دخلت المؤسسة التي اقترحها حيز الوجود وأصبحت تعرف باسم الجماعة الأوروبية للفحم والصلب. وعملت الجماعة الأوروبية للفحم والصلب على توريد الفحم والصلب للسوق المشتركة بشكل منتظم وبأسعار وشروط ثابتة للمستهلكين في جميع الدول الأعضاء بالإضافة إلى العمل كشاري

وبائع مشترك للمجتمع. ولتحقيق هذه الغاية، يتم تمكين الجماعة الأوروبية للفحم والصلب من جمع المعلومات ذات الصلة – وتشمل كمية الفحم والصلب التي تحتاجها كل دولة والكمية المستهلكة – وتعريف الأهداف والتشاور مع ممثلي المصالح المختلفة.[18] وستتوسع الجماعة الأوروبية للفحم والصلب في تصنيع الفحم والصلب وتحسين نوعيته بالإضافة إلى تحديث انتاجه. وسيضمن مشاركة جميع الدول الأعضاء المشاركة بالموارد الاستراتيجية للفحم والصلب وتمتع المستهلكين، في مواقع مماثلة ضمن السوق المشترك، بالوصول المتكافئ للبضائع المطلوبة مما يعني تمكينها من إعادة بناء دولها واقتصاداتها. كما ستسعى الجماعة الأوروبية للفحم والصلب إلى أقل الأسعار تبعا لشروط معينة.[19] وستعمل الجماعة الأوروبية للفحم والصلب على توجيه الاستثمار، وتطوير الصادرات الشائعة إلى دول أخرى، وتوحيد وتحسين الظروف المعيشية للعمال في قطاعات الفحم والصلب.[20]

ومن خلال اختياره للفحم والصلب، حصر مونيه المشروع بما يمكن أن يلقى القبول من ألمانيا وفرنسا بسبب مساحته الاقتصادية المحددة. وبسبب الشفافية المدمجة على الجماعة الأوروبية للفحم والصلب، والتي يمثل مصالح جميع الدول الأعضاء، كانت الميزة الاضافية القضاء على الخوف المنتشر في فرنسا بأن ألمانيا ستسيئ استعمال مواردها الغنية من الفحم وقطاع الصلب القوي من أجل صناعة الأسلحة لحرب أوروبية أخرى.

في النهاية، اقتنعت ستة من دول أوروبا الغربية، بعد الكثير من النقاشات المحتدمة في برلماناتها بأن مصلحتها الذاتية تتحتم تجميع الموارد من الفحم والصلب والعمل بشكل مشترك وليس بشكل فردي. ونتيجة لهذا، اجتمعت الدول معا لتشكيل الجماعة الأوروبية للفحم والصلب، والتي نجحت بشكل كبير وشكلت أساس ما يعرف اليوم بالاتحاد الأوروبي، وساهمت بتحقيق السلام المستدام في أوروبا.

وبهذا، يظهر من تجارب أوروبا بعد الحربين العالميتين الأولى والثانية بأن من شأن الاتحاد الأكبر تحقيق مصالح كل دولة منفردة ويمكن الاعتراف بهذا من قبل القادة السياسيين والشعوب الوطنية، ففرض ضرائب التعويض العقابية

والسيطرة على الموارد الصناعية الأساسية لتأمين الاحتياجات الاقتصادية والأمنية الخاصة بالدول الأفراد، كما حصل بعد الحرب العالمية الأولى، لا يؤدي إلى تحقيق السلام، بل على العكس من ذلك، قد يزيد من مخاطر الحرب. أما الاتحاد من خلال السيطرة المشتركة والمتكافئة حقا على هذه الموارد، كما كان في الجماعة الأوروبية للفحم والصلب بعد الحرب العالمية الثانية، فقد يحقق جميع هذه الأهداف. كما ويمكن إقناع الدول والشعوب الأفراد بأن مصالحها الفردية تكمن فعليا في تحقيق المصلحة الجماعية.

أين نحن الآن؟

منذ الجزء الأول من القرن العشرين، خطت البشرية، بتردد، باتجاه ما سيصبح بالضرورة مجتمع دولي من الدول المتحدة.

عصبة الأمم

بعد الحرب العالمية الأولى، تأسست عصبة الأمم، تجربة العالم الأولى مع مؤسسة عالمية مهمتها المحافظة على السلام وتجنب الحرب، حيث يتم التفاوض على النزاعات بدلا من التنازع عليها. وفي حال فشل التفاوض، ستفرض العقوبات الاقتصادية، تليها خطوة تدخل الدول والقتال الجماعي لاستعادة السلام. ومع أن العصبة قامت ببعض الأعمال الجيدة، مثل التوعية حول المشاكل الاجتماعية وإطلاق حملات للقضاء على الجذام والجدري، إلا أنها فشلت بالنهاية بتحقيق أهدافها السامية باستدامة السلام، بسبب عدد من العيوب المهمة، من بينها أن العضوية في العصبة لم تكن عالمية؛ فلم تنضم إليها دول مهمة مثل الولايات المتحدة وألمانيا وروسيا. كما رفضت الدول المنضمة التنازل عن سيادتها في اتخاذ القرارات، طالبة أن تتخذ جميع القرارات بشكل جماعي. أعاق هذا الضعف، بالإضافة إلى ندرة اجتماعات العصبة التي وصلت إلى أربعة مرات بالعام فقط، من عملها بشكل كبير. وتفاقمت أوجه الضعف هذه بسبب عدم رغبة الأعضاء بإنشاء جيش دائم أو حتى اللجوء إلى العقوبات الاقتصادية أو العسكرية لإنفاذ القرارات المتخذة للتعامل مع الدول المتمردة. كما أدى اعتمادها على المساهمات الطوعية إلى نقص تمويل عمليات العصبة بشكل مستمر. وتبين بسرعة أن سلطة العصبة المعنوية وحدها غير كافية لحل التهديدات المتزايدة على السلام. ولذلك لم يكن فشل العصبة مفاجأة، وتورط العالم بحرب عالمية ثانية.

الأمم المتحدة

بعد أهوال الحرب العالمية الثانية، أدرك العالم أنه غير قادر على العمل بدون منظمة دولية مهمتها المحافظة على السلام، مما أدى إلى إنشاء الأمم المتحدة بهدف خدمة احتياجات البشرية على عدة جبهات: المحافظة على السلام وضمان التنمية الاقتصادية والاجتماعية للجميع.

ولقد قدمت الأمم المتحدة مساهمات جمة لرفاه البشرية، مع التركيز على قضايا مهمة لملايين البشر حول العالم، مثل أهمية التعليم ومناصرة حقوق الإنسان ومساواة الرجل والمرأة والقضاء على الدرجات القصوى من الأغنياء والفقراء والمحافظة على السلام والأمن ومساعدة المحتاجين في أوقات الكوارث الطبيعية والمجاعات والأوبئة وتعزيز التقدم الاجتماعي والاقتصادي ومكافحة الأمراض وتحسين مستويات المعيشة. كما ووفرت الأمم المتحدة منتدى قيم لتجمع الدول ومناقشة القضايا ذات المصلحة الجماعية، وبالرغم من الاختلافات، تسعى الأمم المتحدة إلى ضمن حل الخلافات بدون اللجوء إلى الأسلحة. حتى الآن، أنقذتنا الأمم المتحدة من كارثة حرب عالمية ثالثة. إلا أنه بات من غير الواضح ما إذا كان غياب الإصلاحات الرئيسية سيقف في طريق المشاكل التي تهدد بالسيطرة على العالم، فلم تجد الأمم المتحدة حتى الآن الحلول القابلة للتطبيق لأهم التحديات التي تواجه زمننا هذا، ومنها الاحتباس الحراري والمشاكل المرافقة له وانتشار الأسلحة النووية وتهديدها للسلام والأمن في العالم والإرهاب و الإبادة الجماعية المتكررة والأوبئة المحتملة مثل فيروس الايبولا. في حال لم تتمكن الأمم المتحدة من إصلاح نفسها بما يكفي لحل الاحتياجات الجماعية الأساسية التي تواجهنا اليوم، ستتفوق عليها بالضرورة مؤسسات أخرى جديدة.

الاتحاد الأوروبي

بعد الحرب العالمية الثانية، بدأت تجربة جديدة بالتوحيد الفدرالي التدريجي، على نطاق أصغر. فكما ذكر سابقا، وبهدف ضمان وصول دول أوروبا الغربية،

وخصوصا فرنسا وألمانيا، للفحم والصلب لإعادة بناء دولها واقتصاداتها المدمرة على أساس عادل ومتساوي لا يزرع بذور حرب عالمية ثالثة، وافقت ستة دول أوروبية على تجميع موارد الفحم والصلب لديها ووضعها تحت سلطة وكالة عليا تتخذ القرارات التي تخدم المصالح الجماعية لجميع الدول الأعضاء. أدت هذه الخطوة إلى تشكيل الجماعة الأوروبية للفحم والصلب، والتي سبقت ما تطور لاحقاً وما يعرف اليوم بالاتحاد الأوروبي. ومع أن عملية التطور كان بطيئة وصعبة وانطوت على نمط متكرر من الأزمات التي تؤدي إلى النصر، إلا أن الاتحاد نجح في ادماج مصالح الدول الأعضاء، والتي وصلت إلى ثمانية وعشرين دولة. والأهم من ذلك، أدى الاتحاد إلى السلام الدائم في أوروبا. في كل خطوة، عند مواجهة الأزمات، اكتشف أعضاء المجتمعات الأوروبية بالنهاية أن الحل لمشاكلهم كان المزيد من الادماج. كانت أوروبا تصارع أحدث اختبار على شكل الأزمة المالية الحادة المتكررة. وكما كان الحال في كل مرة، كان السؤال ما إذا كانت النتيجة المزيد من الادماج والاقتراب أكثر من دول أوروبية عظمى أو تخفيف الروابط الجماعية والعودة إلى الدول المجزأة. من جهة أخرى، منحت المشاكل السياسية في أوكرانيا، بعد انفصال شبه جزيرة القرم والحاقها بروسيا واقتراب أوكرانيا الشرقية من الانفصال والالحاق أيضا، أوروبا سببا آخر لتعميق الوحدة من خلال اتخاذ موقف موحد في وجه ما اعتبرته اعتداءات عدوانية روسية.

لا شك أن تجارب العالم مع عصبة الأمم، والأمم المتحدة، والاتحاد الأوربي كانت قيمة للغاية، ففي كل منها شهدنا إشارات مشجعة بأننا ننتقل باتجاه المزيد من الاندماج العالمي، إلا أن هذا التجارب في الحاكمية الدولية لا تذهب بعيدا بما يكفي، لأننا لم نقبل بشكل جماعي المبادئ التأسيسية التي ستمكننا من تأسيس أنواع مؤسسات اتخاذ القرارات الجماعية الموصوفة أعلاه والتي نحتاج إليها لمعالجة المسببات الأساسية للتحديات العالمية التي تواجهنا في هذه المرحلة من نمونا الاجتماعي الجماعي. أما الدليل الأهم بأن هذه التجارب لم تذهب بعيدا بما يكفي فهي أنها لم تؤدي إلى السلام والازدهار الدائمين للبشرية ولم تحل أهم التحديات والمشاكل العالمية في زمننا اليوم. إلا أن هذه التجارب قد لعبت دورا

أساسيا في تعلم ما نجح وما لم ينجح وفي تسليط الضوء على المسار الأفضل، مع بيان العثرات المحتملة. بعد التعلم من هذه التجربة، يمكننا الانتقال بثقة نحو بناء اتحاد عالمي سيشمل تلك المؤسسات المتخذة للقرارات الجماعية التي نحن بأمس الحاجة لها اليوم.

الاتحاد العالمي يحلّ المشاكل العالمية

ومع سير الأحداث في عالمنا نحو الاضطراب والفوضى وتضاعف مشاكلنا العالمية وزيادة حدتها، نواجه خيارا قاسيا: علينا إما أن نعمق اتحادنا أو أن نواجه دمار الذات. لسوء الحظ، يبدو أننا تجاوزنا بعض مراحل النمو في نمونا الجماعي مما يفاقم من وضعنا الحرج. علينا أن نتحرك للحاق بركب النمو الذي فاتنا وأن نخطو بسرعة نحو إنشاء اتحاد عالمي للدول، فالحقيقة هي أن الحل لجميع المشاكل الجماعية التي تواجهنا، من التغير المناخي والحاجة للطاقة النظيفة إلى إدارة احتياجات عدد متنامي من سكان العالم من الغذاء والماء والطاقة، ومن تقوية نظامنا المالي العالمي لمنع انهياره إلى استمرار ويلات الإبادة الجماعية، ومن انتشار أسلحة الدمار الشامل إلى سلوك الدول المارقة التي ترعى الإرهاب وتتصرف بعدوانية تجاه الدول الأخرى، يقع في إنشاء اتحاد عالمي – الولايات المتحدة للعالم.

كلما طال رفضنا لاتخاذ الخطوات الضرورية لبناء اتحاد عالمي، كلما زادت حدة معاناتنا الجسدية والذهنية. ولذلك علينا أن نتصرف الآن قبل تحقق الأضرار التي لا يمكن عكسها من المشاكل العالمية التي تؤرقنا. يمكن للتغير المناخي وحده أن يعيث فسادا بالأرض: مع ارتفاع درجات الحرارة، سيستمر ذوبان الأنهار الجليدية بنسب غير مسبوقة، مما سيرفع من مستوى مياه البحر ويقضي على العديد من المجتمعات الساحلية والجزر، وتشمل هذه دول بأكملها قائمة على الجزر. سيؤدي هذا إلى نزوح الشعوب مع تراجع الأراضي الزراعية ومصادر المياه العذبة، مما سينجم عنه النزاع على الأراضي والغذاء والمياه وجميع أنواع المصادر الأخرى. ما زال تهديد الهولوكوست النووي قائما اليوم، فعلينا أن نتصرف الآن قبل أن يغرينا استعمال الأسلحة النووية التي ما زالت منتشرة في لحظة غضب، أو استعمالها عن طريق الخطأ، الذي سينتج عنه

هولوكوست. علينا أن نتصرف الآن قبل أن نواجه انهيار مالي كامل مع ما يرافقه من الشقاء الاقتصادي والمعاناة البشرية. علينا أن نتصرف اليوم قبل أن يؤدي الطلب الذي لا يمكن اشباعه على الطاقة إلى نزاع قاتل على المصادر. علينا أن نتصرف الآن قبل أن يقتل عدد أكبر من الناس، أو يتعرضوا للتعذيب أو النزوح من منازلهم بسبب انتهاكات حقوق الانسان الحادة، وعلينا أن نتصرف اليوم قبل أن يقضي وباء ما على جزء كبير من الجنس البشري.

وإن درسنا كل تحدي عالمي وتخيلنا كيفية حله من خلال تنفيذ المبادئ الموصى بها في هذا العمل وضمن سياق البينة التحتية الفدرالية العالمية المقترحة هنا، قد نتفاجأ بالحلول الفعالة والقابلة للتنفيذ والكفؤة والتي تقدم نفسها بسهولة. في هذا الفصل، سنطبق هذا التدريب في ثلاث أكبر سياقات من التحدي العالمي، بدءا بالأزمة المالية الأوروبية، وأمثلة مختلفة على السلوكيات المهددة للاستقرار من قبل الدول والتي تشمل الانتهاكات الخطيرة لحقوق الإنسان وانتشار الأسلحة النووية والاعتداءات الإقليمية والتحديات الثنائية للتغير المناخي والنمو المتزايد على الطاقة.

الأزمة المالية العالمية

شهد العالم مع بداية الثمانينات من القرن الماضي سلسلة من الأزمات المالية، اقتصر بعضها على مناطق محدودة في العالم، وأخرى كانت أكثر انتشارا. بدأت هذه الأزمات بتخلف الكثير من دول أمريكا اللاتينية عن دفع ديونها في الثمانينات من القرن الماضي تلتها أزمات عملات في أجزاء من الاتحاد الأوروبي عامي 1992 و1993، والأزمة المالية الآسيوية عامي 1997 و1998، والأزمة المالية الروسية عام 1998. مع زيادة عدد الأزمات المالية، ازداد نطاقها وازدادت حدتها. فتعرض العالم عام 2008 إلى ما بات يسمى بالأزمة المالية العالمية، والتي أدت إلى تراجع النشاط الاقتصادي حول العالم في كساد العالم للأعوام 2008 – 2012. وساهمت هذه الأزمة والكساد الذي تلاها في أزمة الديون السيادية التي لم تتعافى منها أوروبا بعد. ومن غير المرجح أن هذه الأزمات

المتتالية ستختفي، حيث من المتوقع أن تكون هذه عبارة عن صدمات تحذيرية تسبق هزة مالية كبيرة قد ستؤدي إلى فوضى مالية واقتصادية والكثير من المعاناة للبشرية. بالرغم من تأكيدات القادة الأوروبيين بأنهم تغلبوا على أصعب نقطة في الأزمة، بدأ الحديث في آب 2014 عن أزمة نمو هددت أكبر اقتصادات أوروبا، ومنها ألمانيا وفرنسا وإيطاليا. واستنتجت مجلة "الإيكونوميست" بأن "أزمة اليورو لم تنتهي، وإنما تنتظر على الأفق."[21] بعد فترة وجيزة، بدأت التقارير تنشر بأن الاقتصاد الأوروبي يعاني من النمو البطيء جدا وبأنه على شفير كساد ثلاثي، مما أدى إلى مخاوف كبيرة بين صناع السياسات العالمية. كما ظهرت مخاوف قوية بأن "الثلاثة الكبار" أي ألمانيا وفرنسا وإيطاليا، والتي كانت تعتبر تاريخيا بأنها أكبر وأقوى اقتصادات أوروبا، ضعيفة، حيث أن ألمانيا، التي كانت تعتبر المحرك الاقتصادي لأوروبا، تجنبت بصعوبة الكساد في الربع الثالث من عام 2014، في حين كان الاقتصاد الفرنسي ضعيفا والإيطالي في كساده الثالث خلال خمس سنوات.[22]

عند الكساد الأول، نشرت أزمة الديون السيادية الأوروبية المخاوف حول العالم. بعد ستة سنوات، عبر القادة حول العالم مرة أخرى عن مخاوفهم من عدم قدرة الاقتصاد الأوروبي على التعافي وحده بعد الأزمة المالية العالمية. ويطرح هنا السؤال، لماذا يهتم العالم؟ أما الجواب فهو الواقع بأن الدول تعتمد على بعضها البعض بشكل كبير وتتقاطع المصير المالي لدولة ما مع المصير المالي للآخرين. ولقد فهم القادة الماليين والسياسيين في دول مثل الولايات المتحدة والصين هذا الواقع وعبروا عن قلقهم حيال الأثر الذي سيكون للأزمة الأوروبية على رفاههم الاقتصادي ومخاطر الكساد العالمي. وقال القادة حول العالم بالسر والعلن بأن مشاكل أوروبا تؤثر سلبا على دولهم أيضا. ورددت وسائل الإعلام هذه المخاوف وأصولها المتجذرة في الترابط العالمي. وبهذا، أشارت مجلة "الإيكونوميست" بوضوح "... اليورو ليس وحده في خطر، وإنما مستقبل الاتحاد الأوروبي وصحة الاقتصاد العالمي أيضا."[23] وقلقت الدول بأن أي انهيار آخر في النظام المالي مثل ما حصل عام 2008 سيكون له تداعيات حول العالم، مما سيعرض أوروبا، والولايات المتحدة، والدول الناشئة إلى تراجع مطول أو حال أسوأ من

ذلك. وكانت الولايات المتحدة قلقة بما يكفي لإرسال وزير المالية الأمريكي إلى أوروبا أكثر من مرة لتقديم النصيحة حول أزمة الديون السيادية، حيث كان هدفه الأساس الضغط باتجاه عمل أوروبي ملموس لمصلحة الاقتصاد العالمي.[24] وقد ظهر الترابط العالمي جليا بطريقة أخرى أيضا: أمل الأوروبيون، بدون نتيجة، أن تساهم الصين في إخراجهم من الورطة التي وضعوا أنفسهم بها.[25]

وليس من المستغرب أن حاول مختلف الاقتصاديين والسياسيين وخبراء مؤسسات البحث والأكاديميين والصحفيين تفسير السبب وراء هذه الأزمات المالية وكيف يمكن تجنبها بالمستقبل. وتوافقت اقتراحاتهم وتوصياتهم لتصحيح المشاكل المالية في العالم بشكل مباشر مع واحدة أو أكثر من المبادئ المدرجة في مجموعة الأدوات المقترحة لبناء اتحاد عالمي.

التوقف عن الانكار والتعلم من أخطاءنا

على قادتنا مواجهة واقع اقتراض المستهلكين والحكومات بشكل متزايد ومراكمة الديون، من خلال تيسير البنوك التي تقرض الحكومات الأموال من خلال شراء السندات السيادية. إن تخليص أنفسنا من هذا السلوك وتبعاته، واستبدال هذا السلوك بأنماط جديدة وأكثر صحة من وجهة نظر مالية ستطلب من قادة الدول ومواطنيهم التكيف مع نمو أصغر وتحمل ألم التقشف والضرائب. ومع أن هذه الواقع قد لا يكون مقبولاً، وبالرغم من شدة ألم هذه الحلول قصيرة الأمد، إلا أن تبعات عدم القيام بأي شيء على المدى البعيد ستكون أشد ألما. كما على القادة اتخاذ خطوات حاسمة بدلا من اشباع رغباتهم بأنصاف الحلول على أمل في إخفاء النطاق الكامل للمشاكل، وعليهم القيام بهذا بأسرع وقت ممكن. وقد بدأ المعلقين والمحللين للأزمة المالية بالتحدث علنا عن الحاجة إلى الاعتراف بالمشاكل من قبل قادة العالم، والتحدث بصراحة وصدق مع مواطنيهم حولها، ووقف دورة الانكار.

على سبيل المثال، ركزت مجلة الإيكونوميست في عدد من المقالات خلال عامي 2010 و2011 بشكل منتظم على هذه الأفكار عند تناولها للأزمة.

ففي كانون أول 2010، كتبت: "إن تفكيك اليورو غير مستحيل، إلا أنه مكلف للغاية. وبسبب رفضهم لمواجهة إمكانية حدوث هذا الأمر، يفشل قادة أوروبا في اتخاذ الإجراءات لتجنب التفكيك."[26] وبعد سبعة أشهر، كتبت المجلة، "لأكثر من سنة، انتقلت دراما الديون في منطقة اليورو من مشهد مقلق إلى مشهد آخر مماثل". وأضافت، "كل مرة، كانت ردة فعل صانعي السياسات الأوروبيين مماثلة: الإنكار والتردد، يليها خطة إنقاذ غير مدروسة في اللحظة الأخيرة لكسب الوقت."[27] وتعليقا على مشاكل اليونان المالية في تشرين ثاني 2011، تحسرت المجلة على الانكار والنفعية الذي مارسته أوروبا بالرغم من التحذيرات التي بدأت في منتصف العام 2009: "... نمط عام من الانكار ... ساهم في دفع اليونان نحو حافة الهاوية والآن يهدد في تمزيق اليورو." ولامت مجلة الإيكونومست بوضوح "الساسة وصانعي السياسات والمصرفيين" الذين "قللوا جميعهم من المخاطر التي بدت واضحة الآن بعد فوات الأوان".[28]

كما أن الساسة والاقتصاديين والمفكرين الآخرين استنتجوا بأن عليهم التعلم من الأخطاء الماضية وتجنب تكرارها. فيقول بيتر ماندلسون، الوزير البريطاني السابق، في مقابلة في صيف عام 2012 أنه كان علينا جميعا أن نرى مخاطر فترة النمو المبنية على الائتمان وبأن بعض فقاعات الأصول كان ينبغي التعامل معها في وقت أبكر.[29] وضم الرئيس الفرنسي السابق نيكولاس ساركوزي صوته حول الحاجة للتغيير في أوروبا، محذرا بأن الفشل في ذلك قد يؤدي إلى "زوالها" بسبب أزمة اليورو.[30]

وتعكس جميع هذه الملاحظات والتعليقات الفهم المتزايد بأن المؤسسات والسياسات والقوانين البشرية وُجدت لخدمة وحماية المصالح الفضلى للبشرية وأن علينا تجنب التضحية بأنفسنا وسعادتنا فقط من أجل حماية تلك المؤسسات والسياسات والقوانين. بدلا من ذلك، وفي حال توقف عمل قانون أو سياسة ما عن خدمتنا، علينا أن لا نتردد في إلغاءها واستبدالها بما هو أكثر فائدة. ولا يمكن أن يتحقق هذا النهج الخاص بالشؤون البشرية إلا نتيجة تنمية ثقافة التعلم ضمن المجتمع البشري ولدى قادتنا. كما تعكس الملاحظات أعلاه الحاجة إلى تطبيق مبدأ الصدق والصراحة في تعاملاتنا مع بعضنا البعض على جميع المستويات،

ويشمل هذا في العلاقات ما بين ممثلينا المنتخبين والأشخاص الذين يخدمونهم.

التصرف بسرعة وحسم

إن العمل السريع والحاسم ضروري عند بروز أزمة خطيرة مثل أزمة اليورو لتجنب الكارثة، فالتهاون خطير. كما لا يكفي الاعتراف بأن هناك خطر جدي لتجنب الكارثة.[31] وبهذا ينبغي تغيير المؤسسات وأنماط السلوك التي تعيق من العمل السريع والحاسم، وفقد اعترف البعض بهذا الدرس خلال أزمة اليورو، وحذر وزير سابق في المملكة المتحدة بأن الوقت ينفذ وعلى حكومات منطقة اليورو التصرف بسرعة وحسم لإنقاذ اليورو، إلا أنه قال أن المشكلة الكامنة الحقيقية هي "مشكلة هندسية" تعيق قدرة القادة على التصرف بسرعة.[32] كما طالب الإعلام بالتغيير الهيكلي والمزيد من الادماج في أوروبا، حيث أشاروا بأن الإجراءات المؤسسية الأوروبية الحالية تتطلب الكثير من طبقات اتخاذ القرار والتعقيدات السياسية التي تحد من القدرة على الاستجابة واتخاذ القرارات بسرعة، خصوصا في سياق الأسواق المالية سريعة التغير. كما أشار خبراء، ومنهم غوستاف هورن، مدير مؤسسة السياسات الاقتصادية الكلية في دسلدورف، ألمانيا، إلى ضرورة تبسيط عملية اتخاذ القرار، قائلا أن "الأسواق ترى أن أوروبا غير قادرة على اتخاذ أي قرار بسرعة" مما يؤدي إلى الغموض والتكهنات الناتجة عن الغموض في الأسواق المالية التي كانت في خضم الأزمة.[33] وحذر وزير المالية في سنغافورة من عدم انتظار الدول حتى تتعمق الأزمة – فالتصرف السريع والفعال أمر حتمي، وأضاف بأن هناك أزمة ثقة في مصداقية إجراءات السياسات لوقف الأزمة.[34] تشير جميع هذه الملاحظات والتحذيرات إلى الحاجة لمؤسسات فعالة لضمن اتحاد عالمي، فالعالم يحتاج إلى مؤسسات اتخاذ قرارات عالمية قوية وممثلة ذات سلطة ورغبة باتخاذ قرارات فعالة وسريعة في مصلحة البشرية الجماعية. وكما أشارت مجلة صادرة عن أهم الجامعات الأمريكية في تحليلها للأزمة العالمية عام 2008، هناك "أمر واحد مؤكد" وهو أنه "لا توجد حلول محلية لمشكلة تمتد في العالم أجمع".[35]

المزيد من التقارب والادماج

سيتطلب إصلاح الأزمة المالية في منطقة اليورو المزيد من التقارب والاندماج. وكما أشار أحد الخبراء، كان على أعضاء منطقة اليورو تغيير اقتصاداتهم نحو المزيد من التقارب وليس التباعد.[36] وطالب خبراء أخرون بتعميق الادماج الأوروبي وحتى إيجاد وزارة مالية أوروبية، التي ستكون الحل الوحيد لحل الأزمة المالية الأوروبية ومشكلة الديون. وبكلمات الرئيس السابق للبنك المركزي الأوروبي، نحتاج إلى "قفزة نوعية" في طريقة الحكم في منطقة اليورو لتجنب الأزمات الخطيرة. وكان قد عبر عن خيبة امله عام 2011 بسبب عدم مضي القادة قدما.[37] وكان نوريال روبيني أول خبير اقتصادي تنبأ بالأزمة المالية العالمية عامي 2007 – 2008، وتحدث عن الحاجة إلى وقف التفتيت والبلقنة في النظام المصرفي الأوروبي، مشيرا إلى الحاجة لاتحاد مالي في أوروبا ومعربا عن أسفه لعدم تمكن الحكومات الأوروبية من التصرف بشكل جماعي أو تبني رؤيا أو خطة متجانسة.[38] كما كانت هناك دعوات من مناطق أخرى لتأسيس اتحاد مصرفي[39] واتحاد مالي أكثر اندماجا يندرج ضمنه اتحاد مالي واتحاد سوق مالي. وبحسب يورج اسموسين من البنك المركزي الأوروبي ونائب وزير المالية سابقا في ألمانيا، "نحتاج إلى اتحاد سياسي شرعي وديمقراطي" والذي علينا أن نبدأ بالعمل عليه "بسرعة".[40] وعبر أنطونيو بورجيز، مدير الوحدة الأوروبية في صندوق النقد الدولي، عن "الحاجة إلى المزيد من أوروبا وليس أقل" لتخطي الأزمة.[41]

ومع أن هذه التعليقات والنصائح موجهة نحو الحاجة لإعادة هيكلة المؤسسات المالية الأوروبية بشكل كبير، علينا أن نطبقها أيضا على المستوى العالمي في عالم يتجه نحو المزيد من الاعتماد المتبادل ماليا واقتصاديا، بطريقة تلبي احتياجات المصالح الجماعية للبشرية. ولا يمكن تحقيق هذا ما لم نوجد المؤسسات الدولية التي تمثل مصالح العالم والممكنة لاتخاذ القرارات الضرورية التي تلبي هذه المصالح مع القدرة على إنفاذها.

تبني الأنظمة الملزمة قانونا

يتداول الساسة في أوروبا بشكل متزايد عدم كافية القواعد الملزمة قانونا والقابلة للإنفاذ لتنظيم منطقة اليورو. وتعليقا على هذه الحقيقة، قالت رئيسة وزراء ألمانيا أنجيلا ميركل بأن هناك حاجة لتقوية التعاون المالي في منطقة اليورو بحيث تتمكن المنطقة من إنفاذ الضوابط على الاقتصادات الأوروبية الفردية، وأضافت "في حين لدينا اليوم اتفاقيات، إلا أننا سنحتاج في المستقبل إلى الأنظمة الملزمة قانونا".[42] وقبل هذا ببضعة أشهر، أشار رئيس فرنسا السابق نيكولاس ساركوزي إلى نقطة مشابهة حول الحاجة لتعزيز الأنظمة في القسم المالي، حيث قال "نعتبر... بأن جزءا من مشاكل العالم ناتج عن رفع الضوابط التنظيمية على القطاع المالي".[43]

عندما ننظر إلى تداخل اقتصادات أوروبا والعالم أجمع، نجد أنه من المنطقي أننا لا نستطيع تحمل نتائج السماح للدول الأفراد خرق الاتفاقيات المالية دون عقوبات، لأن تبعات ذلك ستؤثر سلبا على جميع الدول. وبهذا، على الدول الاتفاق على قواعد وأنظمة مالية في مصلحة الجميع، وجعلها ملزمة وقابلة للإنفاذ. وأفضل آلية لتحقيق هذا هي إيجاد مجلس تشريعي عالمي مسؤول عن صياغة القواعد النافذة دوليا وانشاء محكمة دولية قادرة على النظر والفصل في أي نزاعات واتخاذ قرارات ملزمة فيما يخص أي مخالفات.

ضمان الرقابة والشفافية والمسائلة

بدأ خبراء الاقتصاد والمالية والساسة والمفكرون بالحديث عن بعض التغييرات الهيكلية على النظام المالي في أوروبا وعلى المستوى الدولي تباعا، وتشمل هذه التغيرات المزيد الرقابة التدخلية على البنوك والمزيد من الشفافية والمسائلة وحاكمية الشركات مع ضمان عدم تقويض الابتكار. وكما أوضح الأمر اللورد مندلسون، لا يعتبر الهيكل المالي الأوروبي تدخلي بما فيه الكفاية. وينبغي على المنظمين الجلوس في الغرف الخلفية للمصارف والنظر إلى سجلاتها ودراسة المخاطر التي تتقبلها المصارف والمخاطر المحتملة التي تتحملها. وينطبق هذا

بشكل خاص، على حد تعبيره، في ضوء التغير السريع في الأسواق المالية مع الزيادة في المنتجات المعقدة والتي تنطوي على المخاطر التي يتم تطويرها. وأضاف اللورد مندلسون بأن المنظمين لا يواكبون سرعة التغيير وبالتالي فهم غير قادرون على إطلاق صافرات الإنذار حول مستوى المخاطر المدمج في النظام.44

بالإضافة إلى مراقبة البنوك عن قرب، اقترحت الكثير من المحافل الحاجة إلى الإشراف الخارجي والرقابة الأقوى على الميزانيات الوطنية الأوروبية قبل أن تعرض النظام المالي ككل إلى الخطر. وقال رئيس البنك المركزي الأوروبي حينها في كانون أول 2011 بأن منطقة اليورو بحاجة إلى المزيد من الحاكمية الاقتصادية مع تقييد الديون بصورة أكثر صرامة وبطريقة قابلة للتنفيذ ووضع الرقابة المركزية على الميزانيات الوطنية.45 وقال البعض أن هذه الرقابة مهمة بشكل خاص للدول التي كانت تواجه أصلا "صعوبات بالغة".46 أما آخرين، ومنهم أول رئيس متفرغ للمجلس الأوروبي، فقد تحدثوا عن الحاجة لمنح المفوضية الأوروبية الحق في "التدخل" عند صياغة الميزانيات الوطنية.47 ونفذت هذه الاقتراحات لاحقا في أوروبا من خلال عملية تسمح للمفوضية الأوروبية بمراجعة مسودات الميزانيات الوطنية المقدمة من قبل دول منطقة اليورو، لضمان أن هذه الميزانيات تتماشى مع القواعد الأوروبية حول الديون والعجز. ومع أن العملية الجديدة تسمح للمفوضية بالتحاور مع الدول التي لا تلبي مسودات ميزانياتها حدود الدين والعجز المتفق عليها، إلا أنها في النهاية غير قادرة على إنفاذ القواعد. ومن الأمثلة على هذا مراجعة المفوضية عام 2015 لمسودات الميزانيات المقدمة من قبل دول منطقة اليورو، ومنها فرنسا وإيطاليا، حيث كانت تنطوي على عجز أكبر من الحدود المنصوص عليها في القواعد. وبعد طلب المزيد من التفاصيل حول مسودات الميزانيات والنقاشات المعمقة بين المفوضية وممثلا فرنسا وإيطاليا، وافقت هاتين الدولتين اللتين كانتا تطالبان بتخفيف حدود العجز لتجنب العودة إلى الكساد في النهاية على تعديل مسودة الميزانية في كل منها لتقترب إلى حدود العجز المتفق عليها بدون الامتثال الكامل. من خلال هذه التعديلات، تجنبت فرنسا وإيطاليا إحراج إعادة ميزانيتيها للمراجعة

وإعلانها "غير ممتثلة بشكل خطير" لقواعد الاتحاد الأوروبي، إلا أنها ما زالت معرضة لخطر العقوبات على خلفية مخالفة اتفاقيات الاتحاد الأوروبي.[48]

عندما تتراكم مبالغ الديون الكبيرة في الدول، تبدأ هذه الدول بالتخلف عن تسديد قروضها، وتبدأ اقتصاداتها بالتراجع، وتبدأ بنوكها بالفشل، وتبدأ البحث بالضرورة عن دول أخرى ومنظمات دولية مثل صندوق النقد الدولي لإنقاذها، إلا أن هذا الإنقاذ مكلف. فعند تنفيذ مبادئ العدالة والتكافؤ، يبدو أنه من غير العادل أن تستفيد دولة ما من السلوك المالي المتساهل ومن ثم أن تتوقع من الدول الأخرى انقاذها عندما تواجه المشاكل، خصوصا إذا تكرر مثل هذا النمط. عند دراسة الأمر من هذا المنطلق، يبدو الاتفاق المالي الذي توصلت إليه منطقة اليورو على أثر الأزمة التي مرت بها على شكل اتفاقية الاستقرار والتنسيق والحاكمية في الاتحاد الاقتصادي والمالي ("الاتفاق المالي") منطقيا، لأنه يحدد حدود الدين والعجز المقبولة في دول منطقة اليورو ويمنح المفوضية حق الرقابة على الميزانيات الوطنية بشكل أكثر صرامة والتوصية بالتغييرات إذا شكلت هذه الميزانيات مخاطر غير مقبولة على المصالح المشتركة. ومقابل الدخول في هذا الاتفاق المالي، تبنت ألمانيا آلية الاستقرار الأوروبي، وهي عبارة عن حزمة انقاذ جماعية أو نظام تبادلية الديون.[49]

يمكن اعتماد الدروس المستفادة من التجربة الأوروبية لتشكيل نظام مالي على المستوى الدولي، حيث يحدد مجلس التشريع العالمي القواعد ويعين منظم مركزي للإشراف على تنفيذها وضمان إنفاذها. ولتبني مثل هذا التغيير بعيد الأثر من قبل دول العالم، عليها أن تتقبل التنازل عن القليل من سيادتها في هذا المجال. ولا يمكن تحقيق مثل هذه الخطوة ما لم تكن مقتنعة بأن مصلحتها المالية تتطلب ضمان المصالح المالية والازدهار المالي لمجتمع الدول في العالم.

إنشاء هيئة تنظيم مركزية واحدة قادرة على التدخل

بعد أزمة منطقة اليورو، وبالإضافة إلى مهام التنظيم والرصد، اقترح الخبراء في الميدان المالي أن يتم تنفيذ هذه المهام من قبل هيئة تنظيم مركزية واحدة،

مثل البنك المركزي الأوروبي، والتي تتمتع أيضا بسلطة التدخل بالإضافة إلى القدرة على التصرف كمقرض الملاذ الأخير للدول والمصارف على حد سواء.[50] ولهذه الغاية، أعلن رئيس البنك المركزي الأوروبي في أيلول من عام 2012 برنامج شراء السندات الخاص بالبنك والمعروف بالمعاملات المالية الفورية، حيث يعرض البنك المركزي من خلال هذا البرنامج شراء السندات قصيرة الأمد لدول منطقة اليورو في السوق الثانوي، أي العمل كمقرض الملاذ الأخير لحكومات منطقة اليورو، بالإضافة إلى دوره كمقرض الملاذ الأخير للمصارف. إلا أن معاملات الشراء هذه تخضع لشروط مالية صارمة تشمل إجراءات تقشفية وإصلاحات هيكلية إلزامية، مما يمنح البنك المركزي الأوروبي سلطة التدخل. كما وتكون عمليات الشراء هذه مشروطة بالالتزام الصارم ببنود الاتفاق المالي وآلية الاستقرار الأوروبي، والمشار إليها أعلاه.

مرة أخرى، يمكن الاستفادة من تجربة الاتحاد الأوروبي في إيجاد الاليات المالية والنقدية في سياق الهيكل الفدرالي العالمي. ومن أهم هذه الدروس اعتراف الدول أيضا بالحاجة إلى التنازل عن السيادة في مجالات معينة من أجل المصلحة العامة والاعتراف بأن هذا الأمر يحقق المصلحة الفضلى لمنفعة الجميع. عندها، ستكون الدول مستعدة لإنشاء هيئة تنفيذية قوية تضمن إنفاذ جميع القوانين والقواعد التي يسنها مجلس التشريع العالمي في مصلحة الجميع ومحكمة دولية ذات اختصاص إلزامي قادرة على إصدار القرارات الملزمة في حالات النزاع.

قبول الإنفاذ القسري

كان من نتائج أزمة اليورو اعتراف النقاد بأنه على الهيكل المالي في أوروبا إدراج آلية إنفاذ لضمان اتباع القواعد المالية المتفق عليها والقدرة على إنفاذها قانونا؛ وإلا فلا فائدة منها.[51] وكان هذا صحيحا بشكل خاص لأن جزء من الحل يعتمد بشكل واضح على تفكيك بعض العادات المعينة والتي تطورت مع الزمن وأدت إلى التساهل في الشؤون المالية. وأكد أحد خبراء الدين السيادي على الحاجة إلى الإنفاذ قائلا، "ينبغي إدراج عامل الإلزام لضمان النجاح..."

وأضاف: "إن عدم تقبل هذا الأمر يعني أنك تعيش في أليس في بلاد العجائب".52 وأكدت رئيسة وزراء ألمانيا على هذا المفهوم وتوسعت فيه أكثر، قائلة أنه من الأهمية بمكان تأسيس اليورو بطريقة صحيحة، الأمر الذي يشمل صياغة معايير جديدة تمنح محكمة العدل الأوروبية أو المفوضية الأوروبية سلطة رفض الميزانيات الوطنية التي تخالف القواعد وإعادتها للمراجعة.53 وقال المفوض الاقتصادي للمجموعة أن الجهود جارية لدراسة تعديل الاتفاقيات بحيث تسمح بإنزال العقوبات على الدول التي تخالف القواعد الاقتصادية.54 وأشار السيد فان رومبوي إلى هذه القضية بتفصيل أكثر، حيث اقترح ضرورة تضييق المؤسسات الأوروبية الخناق على الدول التي تخالف قواعد الميزانيات، من خلال دراسة إنزال العقوبات الأشد والتي تتراوح ما بين تعليق حق التصويت لها إلى تجميد أموال الاتحاد الأوروبي لمشارع البنية التحتية فيها.55 في النهاية، نجحت دول منطقة اليورو بالتوصل إلى الاتفاق المالي لعام 2012 والذي لم يقم فقط بتحديد قواعد واضحة حول مستويات الدين والعجز المسموح بها، بل سمح أيضاً بفرض العقوبات على الدول التي تخالف القواعد الاقتصادية.

يمكن استقاء الدروس المفيدة جدا من العملية الصعبة التي مرت بها دول منطقة اليورو وهي تتغلب على التحديات والأزمات أثناء عملنا على تأسيس اتحاد عالمي، ومن أهمها منح مؤسساتنا الدولية السلطة والصلاحية التي تحتاج إليها لإنفاذ اقرارات الجماعية المتخذة للمنفعة العامة. علينا إيجاد هيئة تنفيذية دولية قوية قادرة على ضمان الالتزام بالقوانين التي يقرها المجلس التشريعي العالمي، باستعمال الوسائل القسرية إن دعت الحاجة.

إلغاء النفعية

من الاستنتاجات المثيرة للاهتمام الناتجة عن البحث المعمق من قبل المعلقين خلال أزمة اليورو كان أننا قد ضقنا ذرعاً من الحلول النفعية قصيرة الأمد والتردّد.56 كما تشجع بعض الساسة قائلين بأنه حان وقت أن يضع القادة السياسيون مصالحهم السياسية الشخصية الضيقة جانباً وأن يعملوا من أجل

المنفعة العامة للدولة والمنطقة. ووصف رئيس وزارة لوكسمبورغ السابق المشكلة باختصار وصراحة قائلا "جميعنا نعرف ما علينا أن نقوم به، إلا أننا لا نعرف كيف ننجح في الانتخابات مرة أخرى بعد أن نقوم بذلك".[57]

وتجلى الخراب الذي سببته النفعية في الصعوبات في إصلاح الاتفاقيات الأوروبية الخاصة بالشؤون المالية (والتي تتطلب الاجماع) في وجه مخاوف بريطانيا بأنها ستؤذي قطاع الخدمات المالية البريطانية. وتم اقتباس رئيس الوزراء البريطاني بأنه قد صرح عند التفسير بأن "المعروض ليس في مصلحة بريطانيا، ولهذا لم أوافق عليه".[58] ورداً على هذا التركيز الصارخ على المصلحة الذاتية، اقتبس عن رئيس المفوضية الأوروبية في ذلك الوقت قوله بأن مطالبة بريطانيا لإجراءات حماية قطاع الخدمات المالية في اجتماع القمة الذي عقد في كانون أول 2011 كان يستحيل تحقيقه بسبب تهديد هذا الاجراء لنزاهة السوق الاتحاد الأوروبي الداخلي. وأضاف أن المطلب كان سيكون السبب المباشر في انهيار الاتفاقية الأوروبية الهادفة إلى المساهمة في إنقاذ اليورو.[59] ونتيجة لموقف بريطانيا، تم العمل على اتفاق جديد جاء على شكل الاتفاق المالي لعام 2012 وافقت عليه 25 من أصل 27 دولة في الاتحاد الأوروبي في ذلك الوقت، أي باستثناء المملكة المتحدة وجمهورية التشيك.

يساهم هذا الحدث في المبدأ التأسيسي لبناء الاتحاد العالمي، وهو تخطي الدول لمرحلة المصلحة الذاتية، بناء على الفهم العميق بأن ضمان مصلحة الجماعة هو السبيل الوحيد لضمان المصلحة الوطنية الذاتية. كما وسلط هذا الحدث الضوء على الحاجة إلى انتخاب أعضاء في مؤسساتنا الدولية لضمان تمثيلهم الحقيق للمصالح الجماعية للعالم وهيكلة إجراءات التصويت ضمن هذه المؤسسات لنتجنب الشلل. ولهذه الغاية، ينبغي أن يعكس نظام التصويت مبادئ وحدوية ومساواة الدول وأن يكون مبنياً عليها، مما يعني أنه لا يمكن لأي دولة واحدة استخدام حق الفيتو ضد قرار يعتقد غالبية الأعضاء أنه يحقق المصلحة الفضلى للجماعة.

أما المثال الآخر على النفعية والذي ساهم في أزمة اليورو فهو فشل دول منطقة اليورو على تنفيذ أو إنفاذ قواعد اتفاقية ماستريخت التي تحد من العجز

الميزانية بحيث لا يتجاوز 3 بالمائة من إجمالي الناتج المحلي وتقيّد الدين العام لما هو أقل من 60% من الناتج الاقتصادي السنوي. في البداية، كانت هناك عقوبات مفروضة على تعدي هذه الحدود، إلا أنها ألغيت عندما وجدت ألمانيا وفرنسا أنها تخالف الحدود. وقد ساهم الفشل في تطبيق القواعد، بسبب النفعية والمصلحة الذاتية الضيقة، في الأزمة المالية في أوروبا. من المفارقات التي حصلت أن الاتفاق المالي الذي دخل حيز التنفيذ بين 17 دولة في منطقة اليورو وثمانية دول أوروبية أخرى أعضاء في الاتحاد الأوروبي والذي يهدف إلى تصحيح ومنع هذه المشاكل كان يعتمد على نفس المتطلبات المالية التي تم تبنيها أيضا في اتفاقية ماستريخت.60

ويسلط هذا المثال الضوء على الحاجة إلى آلية إنفاذ في مؤسساتنا الدولية والتي يمكنها أن تتصرف بسرعة في وجه النفعية. فالسلطة التنفيذية الدولية القوية تشكل وسيلة حماية مهمة لضمان عدم تجاهل القواعد الدولية من قبل أي دولة أو مجموعة من الدول ببساطة لأنها ترى أن ذلك في مصلحتها الضيقة وقصيرة الأمد. ومع أن المفوضية الأوروبية قوية، إلا أنها غير قوية بما يكفي للقيام بهذا الدور للاتحاد الأوروبي، مع الإشارة إلى أن الاتحاد الأوروبي ليس فدرالية، والمفوضية ليست هيئة تنفيذية فدرالية ذات سلطة وصلاحية لإنفاذ القواعد الجماعية المتخذة في مصلحة الاتحاد.

التخلي عن السيادة المفرطة

لعل الأثر الإيجابي الوحيد للأزمة المالية ومعاناتها كانت البشائر الأولى للوعي بأن حل أزمة اليورو يتطلب تنازل دول أوروبا عن المزيد من سيادتها وإيجاد "اتحاد سياسي مكتسب للشرعية من خلال الديمقراطية".61 إلا أن أوروبا تعيش معضلة وصفها أحد الصحفيين بدقة كالتالي: "يتطلب المزيد من الاتحاد تضحية أكبر بالسيادة الوطنية مما يرغبه قادة الكثير من الدول ــ ومما يرغبه الناخبون...".62 لا شك بأن أوروبا تقف عند مفترق طرق آخر في الطريق الطويل نحو التعمق في الادماج، فالخيارات الصعبة التي تواجه أوروبا الآن هي المزيد

من التقدم باتجاه الحكومة الفدرالية ذات السياسيات المالية المشتركة والتي تتطلب الخسارة الأكبر للسيادة بالنسبة للعديد من الدول، أو التقسم والابتعاد مع ما يعنيه هذا من التبعات الاقتصادية والمالية الحادة على الجميع. وهناك إدراك اليوم لهذا الواقع وهناك حديث عنه.63

مع دراسة قادة أوروبا لشكل هذا الادماج الأقرب، كانت واحدة من الخطوات التي تم الاتفاق عليها منح السلطة التنفيذية في الاتحاد الأوروبي سلطة المطالبة بالتغييرات على الميزانيات الوطنية وإعادة كتابتها قبل تبنيها من قبل السلطات التشريعية المحلية. حتى تلك اللحظة، كانت الحكومات ملزمة فقط بمشاركة خطط ميزانياتها مع التحاد الأوروبي، الذي كان بحد ذاته تطوير حديث. وكما أشار الاعلام، كان التنازل عن السيادة الوطنية فيما يتعلق بالسيطرة على الشؤون المالية العامة خطوة مهمة في تطوير الاتحاد الأوروبي، والذي حاول دون جدوى تحقيق التقارب الاقتصادي المنظم في عدد من الاتفاقيات منذ إنشاء اليورو عام 1999. 64

وبغض النظر عن القرارات التي ستتخذ باتجاه المزيد من الادماج، وكما أشارت بدقة مجلة الايكونوميست، ينبغي على الجميع المشاركة والتضحية بشيء ما لمنفعة الكل. ولم يكن السؤال الحقيقي ما إذا كان قادة أوروبا قادرين على إنقاذ العملة، وإنما إذا كان هناك عدد كاف منهم على استعداد لدفع الثمن: تحمل نوعا ما من المسؤولية المشتركة للديون بالتزامن مع الالتزام بقواعد مالية موثوقة.65 بمعنى آخر، لتجنب الكارثة، كانت هناك حاجة لصفقة سياسية تقدم من خلالها الدول الأقوى الدعم المالي للدول الأضعف مقابل قواعد أكثر صرامة للجميع. وقد خافت الدول الأقوى اقتصاديا، مثل ألمانيا، بأن اتحاد العملة سيصبح اتحاد تحويل حيث تدعم الاقتصادات الأقوى للأبد الأعضاء الأضعف. وأصرت هذه الدول بأنه إذا ستتشارك الدول في الدين، فينبغي أن تخضع أيضا قرارات الميزانيات والانفاق للدراسة الجماعية الصارمة، وأعربت استيائها معلنة أنه "في حين يحب قادة أوروبا الحديث عن مشاركة الديون الوطنية، إلا أنهم يكرهون الحديث عن مشاركة السيادة الوطنية".66

وحذرت الايكونوميست بأن هناك حاجة لتغيير هذا التوجه من جانب الدول

الأقوى وإلا فإن اليورو سيتدهور،[67] واقترحت بأن الجواب يكمن في وضع السيادة الاقتصادية تحت الانضباط الجماعي المنفذ من قبل التكنوقراطيين في بروكسل. ومقابل الرقابة الأكثر صرامة من قبل المفوضية الأوروبية، قد تكون هناك رغبة في دراسة تعزيز التمويل من قبل البنك المركزي والذي تعتبر ألمانيا وفرنسا أكبر المساهمين فيه.[68] وكان بعض المحللين صريحين جدا حيال طبيعة القرارات التي تواجه أوروبا، قائلين بأن "الاقتصاد يبدأ بالسياسة" وأنه على قادة الدول الأكثر صحة ماليا في منطقة اليورو، مثل ألمانيا، التوضيح لشعوبهم بأن انقاذ اقتصادات متعثرة مثل اليونان يصب في مصلحتهم الشخصية وبأن عدم القيام بذلك سيضع نظامهم المصرفي وازدهارهم في خطر. بمعنى آخر، عليهم أن يفهموا بأن العمل على وقف أزمة الديون في اليونان كأن عملا مبنيا على المصلحة الذاتية وليس عملا خيريا.[69]

ولحسن الحظ، تمكن قادة أوروبا في النهاية من اتخاذ خطوة باتجاه تعزيز الفحص الدقيق والتدخل، بالإضافة إلى المشاركة في الديون عندما وافقوا على الاتفاق المالي وعلى آلية الاستقرار الأوروبية المرافقة للاتفاق. إلا أن القصة لم تنتهي بعد: فبالرغم من الدخول في هذه الاتفاقية، استمرت الدول عند العمل على موازناتها الوطنية في تحدي حدود العجز التي حددها الاتفاق المالي بشكل صريح. على سبيل المثال، في العام 2015، لم تمتثل فرنسا وإيطاليا والنمسا لقواعد العجز عند العمل على موازنتها لذلك العام. وفي نهاية اليوم، كان يبدو بأن هذه الخطوات الصغيرة لن تكون كافية للتخفيف من حالة اقتصادات أوروبا الهشة، مما سيجبر قادة الاتحاد الأوروبي على الإجابة على السؤال النهائي فيما يتعلق بإنشاء الولايات المتحدة الأوروبية. وتنبأت الايكونوميست عام 2011 بأن منطقة اليورو ستتجه في كل الأحوال نحو المزيد من الفدرالية حتى إن أوروبا لم تصبح فدرالية اوروبية.[70] إذا كانت لأوروبا الإرادة السياسية للقيام بالاتحاد، فعليها أولا أن تدرك بأن من واجبها وضع المصالح الجماعية لشعب الأوروبي عامة قبل المصلحة الفردية لأي دولة. ولحسن حظ أوروبا، بدأ هذا الفهم بالتغلغل بين صفوف القيادة الأوروبية، كما يظهر من تعليقات منسوبة للسادة باروسو، فان رومبوي، وجنكر على التوالي، بأن مصالح الاتحاد الأوروبي ككل ينبغي أن

تسود على مجموع أجزاءها.71

معاملة جميع الدول على قدم المساواة

أدت أزمة اليورو إلى تسليط الضوء على مكون آخر أساسي لنجاح أي حكومة فدرالية أو مؤسسة اتخاذ قرار جماعية تتعلق بعدد من الدول، وهو اتخاذ القرار بطريقة عادلة تمنح كل دولة صوت قوي. وكما تحتاج الأقليات في الدول إلى سماع صوتها وتلبية احتياجاتها ومصالحها حتى تعمل الدولة بتجانس بدون شكاوى عميقة تؤدي بالأقلية المطالبة بالانفصال عن الدولة، يحتاج مواطني الدول أيضا ضمن الهيكل الفدرالي إلى الشعور بأن بلدهم له صوت مسموع ويُعامل على قدم المساواة مع الدول الأخرى. في الوضع المثالي، نود تجنب المشاعر التي تم التعبير عنها خلال أزمة اليورو بأن "ألمانيا كانت قائد أوروبا بلا منازع" أو أن "فرنسا كانت بالتأكيد في مرتبة أقل من ألمانيا" وأن بريطانيا لها تأثير أقل مما كان عليه الحال في الماضي.72

ينبغي أن يسمح هيكل المؤسسات الفدرالية بالتمثيل العادل للدول المكونة له، مع أخذ بعض العوامل بعين الاعتبار، مثل حجم السكان والقوة الاقتصادية. كما علينا تجنب شبهة عدم المساواة والعدالة كما ظهرت في البيانات التالية الصادرة عن دبلوماسي رفيع المستوى في سياق أزمة اليورو، والتي تشير إلى صعوبة اعتراف أوروبا بأن "تكبير أوروبا يعني تكبير عدد مؤسسات مركزية ذات سلطة أكبر، ويعني هذا تكبير ألمانيا" وأن "الموافقة على أوروبا "فوق وطنية" أكبر يعني الموافقة أيضا على المزيد من القيادة الألمانية في أوروبا." وأضاف بأنه يصعب على فرنسا بشكل خاص مواجهة هذا الواقع، بسبب ضعفها الاقتصادي مقارنة بألمانيا التي تغلبت على الكثير من مشاكلها من خلال تشكيل ألمانيا الموحدة التي ساهمت في إنشاء ألمانيا أكبر وأقوى.73 ويذكر أن نمو ألمانيا تباطأ بشكل كبير بعد عامين من صدور هذه البيانات. وبغض النظر، يمكن للمراقبين رؤية المخاوف الكامنة التي تتعلق بعدم العدالة والتي تم التعبير عنها في سياق أوروبا أكثر توحيدا تظهر أيضا في سياق الاتحاد العاملي، ما لم

تدرج ضمانات عند تأسيس البنية التحتية لضمان بأن جميع الدول المكونة للاتحاد ستكون ممثلة بشكل عادل وبأن احتياجاتهم ستمنح الاعتبار العادل.

في النهاية، لن تقتنع الدول بالتنازل عما يكفي من السيادة في مجالات محددة ما لم تقتنع بأن الهيئات الفدرالية التي تتنازل عن السلطة لها ستبني قراراتها على المصلحة الجماعية لجميع الدول وليس مصلحة البعض فقط. بدون مثل هذه الضمانات، لن تتحقق الثقة المطلوبة للنجاح.

استبدال الإجماع بتصويت الأغلبية

من وسائل التعامل مع مخاوف اتخاذ القرارات لأجل المصلحة العامة الترتيب للتصويت ضمن الهيئات الفدرالية على أساس الأغلبية بدلا من إلزام الاجماع، والذي يؤدي إلى حق الفيتو بالممارسة لأي دولة. وبهذا الصدد، كان الرئيس الفرنسي ساركوزي محقا عندما قال بأنه لتعزيز التغيير السريع وزيادة المسؤولية المالية فضلت فرنسا المزيد من التصويت المبني على الأغلبية ضمن منطقة اليورو بدلا من التصرف بناء على الإجماع.[74] ونتج هذا عن فهمه بأن مصلحة فرنسا تستوجب مثل هذا النظام، وينعكس هذا الفهم في قولة بأن "اختفاء اليورو سيؤدي إلى فقدان السيطرة على الديون ... وسيؤدي إلى خسارة الثقة التي ستؤدي إلى شلل وفقر فرنسا".[75]

ينبغي تغيير هيكل الحاكمية الضعيف

أهم درس من الدروس المستخلصة من الأزمة المالية في أوروبا، هو أن مشكلة أوروبا لا تتعلق بالمال وإنما تتعلق بالهيكل. ووصف أستاذ اقتصاد بارز في جامعة هارفرد قلب المشكلة قائلا: "هذه مشكلة دستورية ومؤسسية عميقة في أوروبا" وأضاف بأن هذه "ليست مشكلة تمويل". لحل أزمة اليورو، على الأوروبيين "أخذ خطوة كبيرة باتجاه الاتحاد الاقتصادي والسياسي، من قبل أي بلد يرغب أن يكون جزء من الاتحاد". كما علق بأن ألمانيا كانت "محقة في مطالبتها لتغييرات نظامية". كما وعلق بأن على أوروبا التصرف بسرعة لأنها

لا تتمتع بالكثير من الوقت للاندماج بشكل كامل – بعكس ما كانت تعتقد.[76] الخطوات التي اتخذتها أوروبا على أثر أزمة اليورو والتي شملت الاتفاق المالي وإيجاد آلية استقرار أوروبيا، أثبتت عدم كفايتها – بالرغم من أهميتها – لمنع الدول الأوروبية، ومنها ألمانيا التي كانت تتبجح بأنها المحرك الاقتصادي لأوروبا، من الانزلاق نحو الركود، وفي بعض الحالات الغرق أكثر فيه. ومن الواضح أن هناك حاجة لمزيد من التغيرات الأشمل.

لحسن الحظ، بدأ الحديث بشكل مفتوح عن مفهوم التغير الهيكلي لتعميق الادماج من قبل الساسة والمفكرين والصحفيين. وفي جلسة حوار على شبكة الأخبار الفرنسية فرانس 24، تحدث صحفي في باريس عن الحاجة لأوروبا فدرالية.[77] وفي خطاب ألقته فيفيان ريدينغ، نائبة رئيس المفوضية الأوروبية، أمام الهيئة التدريسية في جامعة كامبردج، استحضرت خطاب ونستون تشرشل الشهير في زيورخ عام 1946 والذي طالب فيه "بولايات متحدة أوروبية" من خلال المطالبة بتشكيل اتحاد مالي وسياسي كامل يضم ثمانية عشر دولة في منطقة اليورو.[78] كما وتحدثت رئيسة وزراء ألمانيا عن الحاجة لاتخاذ خطوات نحو اتحاد سياسي واقتصادي أوثق. يتطلب حل الأزمة المالية مشاركة الديون، إلا أن هذا لا ينجح، على حد تعبيرها، ما لم تكن هناك مشاركة في اتخاذ القرارات الخاصة بالميزانيات والضرائب وحقوق التقاعد.[79] ولهذا السبب، فإنها تضغط باتجاه عملية الادماج الأوروبي التي تأخرت كثيرا. وكما قال وزير خارجية سابق في ألمانيا "لا يمكننا أن نتشارك الدين بدون مشاركة السيادة؛ لا يمكن التمتع بالمزايا المالية لدولة دون وجودها".[80]

في النهاية، يتطلب إصلاح الهيكل الأساسي في أوروبا فرض الضرائب على مستوى أوروبي، الخطوة التي اقترحتها ألمانيا، بالتزامن مع الرقابة المركزية على الميزانيات الوطنية والعقوبات على الدول المسرفة. كما يتطلب الأمر المزيد من التقدم نحو "الاتحاد السياسي" الذي تتصرف فيه المفوضية الأوروبية أكثر كحكومة أوروبية / هيئة تنفيذية مع برلمان أوروبي أقوى قادر على مساءلة المفوضية. وصرحت ألمانيا بأنه فقط إذا تم اتخاذ مثل هذه الخطوات ستكون عندها ألمانيا مستعدة لمشاركة المزيد من مواردها لمساعدة الدول الأكثر

حاجة للمساعدة.

كل هذه النقاط تعيدنا إلى مخطط النظام الفدرالي العالمي. وكما ذكر في بداية هذا الكتاب، يشمل النظام برلمان عالمي قادر على إنفاذ قوانين معينة لمصلحة البشرية جمعاء حيث تتنازل فيه الدول لصالح هذا النظام عن بعض حقوقها الضريبية. ولنا أن نتخيل بأن نسبة من هذه الضرائب ستتوفر لإنقاذ الدول التي تواجه الصعوبات المالية. في مثل هذه الحالات، لن تضطر الدول أبدا للبحث دون جدوى عن أموال الإنقاذ. كما ستكون قد ساهمت جميع الدول في هذه الأموال على مدى الوقت وبنسب تتناسب مع حجمها وقوتها، بحيث لا تشعر أي دولة واحدة بأنها تتعرض للضرائب بشكل غير عادل أو تتحمل عبء مبالغ به. إضافة لهذا، ستكون هناك هيئة تنفيذية عالمية ذات سلطة رقابة على الدول لضمان تنفيذها للأنظمة المالية المتفق عليها دوليا، إلى جانب سلطة إنفاذ هذه التشريعات قبل أن تصل الدول إلى نقطة التعثر في ديونها السيادية والانهيار المالي.

توفر تجربة الولايات المتحدة الإرشاد

بالرغم من وضوح الفدرالية الأوروبية كحل للأزمة المالية الأوروبية، ما زال الكثيرون يقاومون فكرة الاتحاد الفدرالي الأوروبي. وحتى بعد نشر سلسلة من المقالات التي تحلل المشكلة بعمق وتستنتج، من بين أمور أخرى، أن الحل يتطلب "عملا مبنيا على الرغبة الجماعية العليا"، رفضت مجلة الايكونوميست فكرة "الدولة العظمى" ولم تعرض أي فكرة بديلة بل استنتجت ببساطة أنه "بالتأكيد هناك وسائل يمكن أن تقوم الحكومات الجيدة من خلالها بإجبار الحكومات السيئة على الامتثال، دون أن يتطلب الأمر بناء دولة عظمى فدرالية كبيرة وجديدة".[81] وبالمثيل، ذُكر بأن الرئيس الفرنسي السابق ساركوزي كان قد صرح بأنه "على الرغم من أن أوروبا ينبغي أن تخضع لإعادة التأسيس وإعادة التفكير ... لا يعتبر إصلاح أوروبا سيرا باتجاه الوطنية العليا".[82] إلا أن مقاومة فكرة الدولة الأوروبية العظمى كان قد تجلى بأوضح صورة ممكنة في نتائج انتخابات البرلمان الأوروبي التي عقدت في أيار عام 2014، حيث فازت الأحزاب الوطنية

الشعبية.[83]

ومع هذا، يدرك الأوروبيين بأن درس التجربة الأمريكية في المزيد من الاندماج قد يكون حاسما في حل المشكلة المالية في أوروبا، ففي نهاية المطاف، قد "بدأت أمريكا حياتها ككارثة مالية".[84] عندما تبنت الولايات الكونفدرالية في أمريكا دستورها الحالي عام 1789، كانت الحكومة الفدرالية وحكومات الولايات متعثرة إلى حد كبير في تسديد ديونها للحكومات الأجنبية والتي كانت اقترضتها لتمويل حرب الاستقلال. وكان من أهم أهداف الحكومة الفدرالية الجديدة والمعززة تبعا لدستور عام 1789، استعادة الثقة في الائتمان الوطني. ولهذه الغاية، تحملت الحكومة الفدرالية جميع ديون الولايات المتعلقة بالحرب وأعادت تمويل تلك الديون، مع اعداد جدول جديد للسداد والفائدة. وبعد أزمة اليورو، استخلص مجلس خبراء الاقتصاد في ألمانيا بأن تحمل الحكومة الفدرالية الأمريكية لديون الولايات عام 1790 يشكل نموذجا جيداً واستخدم المجلس هذا النموذج كأساس "لاتفاقية سداد الديون". وفهم المجلس بأن الاتحاد النقدي لا يمكنه الاستدامة دون اتحاد مالي.

كما وشجعت أمريكا أوروبا على التعلم من تجربتها وعلى إدراكها بأن الحل لمشاكلها المالية قد يكمن في المزيد من الاندماج. وفي العام 2011، تم اهداء نسخة من اتفاق الكونفدرالية لعام 1781 والتي سبقت دستور الولايات المتحدة الحالي للعام 1789 لمسؤول من البنك المركزي الأوروبي أثناء زيارته إلى الولايات المتحدة للتشاور مع مسؤول مالي حول الأزمة المالية في أوروبا وقيل له بأن الحلّ لمشاكل أوروبا يكمن في تشكيل اتحاد أقوى وأعمق، تماماً كما فعلت الولايات المتحدة عندما واجهت مشاكل دين مشابهة في سنواتها الأولى. وكما أشارت إحدى الصحف التي غطت الحدث، بدأ المسؤولون الأوروبيون بادراك التشابه مع فشل جهود أمريكا الأولى في العمل ككونفدرالية غير مترابطة تضم ثلاثة عشر ولاية. وتابعت بأن غياب التنسيق المركزي القوي لديون منطقة اليورو وسياسات الانفاق كان سببا رئيسيا في عدم قدرة أوروبا على حل أزمتها المالية، وهذا بالرغم من الجهود التي بذلت على مدى أكثر من عام ونصف عند كتابة التقرير.[85]

وبالفعل، تبين التجربة الأمريكية الخاصة بالانتقال من تجمع غير مترابط للولايات إلى اتحاد فدرالي القدرة الهائلة على حل الأزمة المالية العالمية الحالية في حال تم اتخاذ خطوات مماثلة على نطاق عالمي. وكثيرا ما ننسى بأن أهم الحوافز للانتقال من كونفدرالية مفككة إلى فدرالية منظمة كان أساسا مشكلة الديون الكبيرة التي تحملتها ثلاثة عشر ولاية أمريكية خلال حرب الثورة ووجدت أنها غير قادرة على تسديدها.[86] فخلال الحرب، قامت كل ولاية بشكل منفصل باقتراض الديون من القوى الأجنبية.[87] وبعد الحرب، وجدت الولايات نفسها غير قادرة على تسديد الديون التي أصبحت كبيرة للغاية. ولم تتمكن الكونفدرالية من المساعدة، بسبب عدم قدرتها على فرض الضرائب، إلى جانب عدم تسديد معظم الولايات لحصصها إلى الحكومة الكونفدرالية. وتفاقمت المشكلة بسبب طباعة الولايات للنقود حسب رغبتها، حيث أدت الأموال الورقية المطبوعة إلى تضخم كبير في الاقتصاد الأمريكي.[88] وكان الحل الوحيد الانتقال نحو المزيد من الوحدة والاندماج من خلال إنشاء اتحاد فدرالي ذو حكومة مركزية قادرة على فرض الضرائب الفدرالية والتي يمكن استخدامها لتسديد الديون الأجنبية. وأظهرت هذه التجربة الحاجة إلى حكومة عالمية مركزية يمكن لجميع الدول التنازل عن بعض سلطات فرض الضرائب لصالحها.

يجب ألا نسمح للتشكيك باتحاد فدرالي أوروبي أعمق، والذي كثيرا ما نسمعه ردا على التوصيات الخاصة ببناء اتحاد فدرالي عالمي، بأن يردعنا، فلن نحقق النجاح ما لم نبذل الجهود المستمرة ونصر عليه. وكلما بدا الهدف مستحيلا أثناء سعينا له، علينا أن نتذكر بأن التاريخ يزخر بأهداف نبيلة كانت تعتبر غير قابلة للتحقيق، إلا أنها تحققت في النهاية. كما قد تحصل هذه التغيرات بسرعة وبدون أن يتوقعها الخبراء: فانهيار جدار برلين عام 1989 وتفكك الاتحاد السوفييتي عام 1991 وانهيار نظام الفصل العنصري في جنوب أفريقيا في تسعينات القرن الماضي، هي ثلاثة أمثلة تحققت مع نهاية القرن العشرين.

وكان تفكير جان مونيه، صاحب فكرة الأساس لمشروع الاتحاد الأوروبي مشابها، حيث آمن بأن حل التحديات المهمة في زمننا تتطلب الاستباق والتفكير إلى الأمام وتحضير الخطط، فعندما تقع الأزمات، كما تقع دائما، ستتعثر الشعوب

وسيتعثر القادة ولن يتمكنوا من اتخاذ القرارات بحسم. عندها، ستبدو الخطط، والتي كانت تعتبر في يوم ما غير واقعية، جديرة بالتطبيق.[89] من خلال التفكير إلى الأمام والبحث عن الحلول وبذل الجهود لتثقيف الشعوب حول الحلول وإقناعهم تدريجيا بتقبلها، سنساعد الشعوب والقادة المتعثرين في العثور على الحلول التي يحتاجون إليها عندما يصبحون جاهزين لتبنيها.[90]

سلوك الدول المزعزع للاستقرار

في عالم اليوم، يمكن للدول تهديد السلام والاستقرار من خلال مجموعة واسعة من السلوكيات المزعزعة للاستقرار، وتشمل الانتهاكات الخطيرة لحقوق الانسان داخل الدول والتي تتفاوت من انتشار التعذيب للقضاء على المعارضة إلى استعمال الأسلحة الكيماوية ضد السكان المحليين وحتى التطهير العرقي والإبادة الجماعية للقضاء على فئات من السكان بسبب الفروقات العرقية أو الدينية أو الايدولوجية. وتؤدي جميع انتهاكات حقوق الانسان إلى إضعاف النسيج الداخلي للدولة التي ترتكبها وبالتالي إلى إضعاف لبنات البناء التي تشكل المجتمع الدولي للدول. كما تؤدي هذه الانتهاكات إلى تهجير أعداد كبيرة من السكان الذين ينتهي بهم الأمر كلاجئين في دول مجاورة مسببين ضغوط اقتصادية واجتماعية غير طبيعية على تلك المجتمعات. وقد تشمل التبعات الأخرى إنشاء ميليشيات محلية تسعى إلى حماية أفرادها من انتهاكات حقوق الإنسان. وغالبا ما يؤدي القتال بين الميليشيات والقوى الحكومية إلى حرب أهلية، وفي بعض الأحيان يؤدي إلى فشل الدول حيث تفشل الحكومات في المحافظة على النظام. ولسوء الحظ، تصبح الدول الضعيفة أو الفاشلة أراضي خصبة لازدهار الجماعات الارهابية بسبب عدم وجود سلطة مركزية للسيطرة عليها.

ومن بين أشكل السلوك المزعزع للاستقرار انتاج الدول أو تأمينها وجمعها لأسلحة الدمار الشامل الكيمائية والبيولوجية والنووية خلافا للقوانين الدولية. وتزرع أي واحدة من هذه النشاطات بذور الشك والخوف وعدم الأمان في دول أخرى وكثيرا ما تستنتج تلك الدول بأن الحل المنطقي الوحيد لضمان أمنها هي

تأمين أو انتاج أسلحة مشابهة، وبذلك تنطلق سباق التسلح. ولا تؤدي سباقات التسلح هذه إلا إلى تقويض السلام والأمان. كما أن استعمال مثل هذه الأسلحة أسوأ مما يمكن تخيله، فينبغي عدم استعمالها أبدا ضد البشر ولا يوجد أي مبرر لاقتنائها من قبل أي دولة.

كما تشمل السلوكيات المزعزعة للاستقرار أيضاً العدوان الأقليمي من قبل دولة على دولة أخرى. ومع أن التاريخ علمنا مرة تلو الأخرى بأن السيطرة القسرية على أراضي دولة أخرى تؤدي إلى نتائج لا تحمد عقباها وتترتب عليها مشاعر الكراهية والغضب التي تستمر عبر الأجيال وتؤدي إلى الثأر في أول فرصة تلوح في الأفق، ما زلنا نصر على ممارسة العادات القديمة، والتي هي في واقع الأمر بقايا سلوكيات قديمة وغير ناضجة تؤدي فقط إلى انعدام النظام والأسى.

ومن الأهمية بمكان دراسة كل واحدة من هذه الفئات الثلاثة الشمولية للسلوكيات المزعزعة للاستقرار وبيان كيف سيساهم الاتحاد الفدرالي للدول في تغلب الدول على كوارثها.

فظائع حقوق الانسان

من بين أخطر السلوكيات المزعزعة للاستقرار الفظائع الخطيرة لحقوق الإنسان المرتكبة من قبل الحكومة ضد مواطنيها. مع مرور الوقت، انتقل المجتمع الدولي من تبني الموقف بأن هذه الانتهاكات قضايا داخلية بحتة وخاصة بالدولة التي ترتكب فيها إلى الاعتراف بأن هذه الانتهاكات غير مقبولة أخلاقيا وأنه يقع على المجتمع الدولي مسؤولية التدخل وحماية الضحايا الأبرياء لهذه الانتهاكات، عندما يكون من الواضح بأن حكوماتهم إما غير مستعدة أو غير قادرة على التدخل بدون مساعدة. ويعكس هذا التغير في الأعراف الدولية بحد ذاته النضوج المتزايد للمجتمع الدولي ككل. على الرغم من هذا النضوج المتنامي والشعور بالمسؤولية، لم يتمكن المجتمع الدولي بشكل متكرر من وقف مثل هذه الانتهاكات في السنوات الأخيرة بسبب انعدام البنية التحتية المؤسسية الضرورية للتصرف بناء على

الرغبة الجماعية.

على سبيل المثال، اندلع نزاع مسلح عام 2003 بين الحكومة المركزية في السودان وسكان المنطقة الغربية فيها والتي تعرف باسم دارفور. وفي العقود التي تلت هذا النزاع، ارتكب عملاء الحكومة السودانية أفعال وحشية تصل إلى حد الإبادة الجماعية ضد سكان دارفور أدت إلى التعبير عن الغضب والاستياء من جانب المجتمع الدولي. كما عملت الأمم المتحدة والاتحاد الإفريقي على إدارة مهمة حفظ سلام مسلحة بشكل مشترك هناك منذ العام 2007. إلا أنه بالرغم من هذه الإجراءات، ما زال النزاع قائما، والمجتمع الدولي غير قادر على اتخاذ إجراءات أقوى لوقف العنف أو ردعه، وكان السبب وراء ذلك النفعية، هو تحديد التركيز على المصلحة الذاتية قصيرة الأمد ومحدودة الأفق من جانب بعض الدول، مثل الصين، فقد كانت السودان وما زالت مصدر مهم للنفط الذي تحتاج إليه الصين، لدرجة أن الصين كانت مستعدة لاستعمال حق الفيتو لوقف قرار مجلس الأمن من تبني قرار يدين الإبادة الجماعية وفرض العقوبات على السودان، والذي كان سيعرض مصدر طاقة مهم للخطر.

أما المثال الأحدث على انتهاكات حقوق الإنسان المرتكبة من قبل حكومة ضد شعبها فهي العنف الذي ارتكبته الحكومة السورية ضد شعبها على مدى أكثر من ثلاث سنوات ونصف حتى وقت كتابة هذا الكتاب. ولقد أدى العنف الذي انطوى على استعمال الأسلحة الكيمائية إلى نشوء الميليشيات الساعية إلى معارضة الحكومة وحرب أهلية، يعتقد أنها أدت حتى تاريخ تشرين ثاني 2014 إلى مقتل 200,000 شخص على الأقل ونزوح نسبة كبيرة – يقدرها البعض بحوالي 42 بالمائة على الأقل – من سكان سوريا.[91] كما أن عدد اللاجئين السوريين في الدول المجاورة وصل إلى 3.2 مليون مع نزوح 6.5 مليون داخليا.[92] كما تعتبر الفوضى الناتجة عن كل هذا وتفكك المجتمع السوري وضعف الحكومة المركزية مصدر تهديد للسلام والاستقرار في الشرق الأوسط وحتى أبعد من ذلك، فقد أدى كل هذا أيضا بدون شك إلى خلق بيئة خصبة لنشور وتدريب جيل جديد من الإرهابيين، مثل المجموعة التي تعرف باسم الدولة الإسلامية في العراق وسوريا (داعش) والتي تهدف إلى إنشاء دولة إسلامية

جديدة في العراق وسوريا وأظهرت استعدادها لارتكاب العنف الشديد ضد السنة، والشيعة، والأجانب على حد سواء، كوسيلة لتحقيق هدفها. ولسوء الحظ، كما حصل في دارفور، وجد مجلس الأمن نفسه غير قادر على فرض العقوبات الفعالة على الحكومة السورية، هذه المرة بسبب فيتو روسيا على قرارات مقترحة ثلاثة مرات.[93] كما وأنه بالرغم من اجتماعات التفاوض وقمم قادة الدول، المنظمة على أمل التوصل إلى اتفاق سلام، لم يتمكن المجتمع الدولي من إنهاء العنف ومعاناة الشعب السوري.[94] وعلق رئيس وكالة اللاجئين في الأمم المتحدة بأنه لا يرى طريق واضح نحو استجابة عالمية متماسكة. مع تعدد الأزمات، أصبح العالم غير قابلا للتنبؤ بشكل متزايد، وهناك أولويات متنافسة. فما زالت الأزمات القديمة في أفغانستان والصومال بدون حل في حين بدأت أزمات جديدة في الظهور. ولقد لخص رئيس وكالة اللاجئين في الأمم المتحدة مشاعره بالقول، "الأمر ساحق."[95]

في النهاية، يبدو الشيء الوحيد سيوقف العنف الذي أطلقته الحكومة السورية والذي تفاقم إلى الحرب الأهلية، هو التهديد باستعمال القوة من قبل المجتمع الدولي الموحد، والمدعوم بالعمل الفعلي. فقد وافقت الحكومة السورية في النهاية على تسليم مخزون الأسلحة الكيميائية لديها والخضوع للاتفاقيات الدولية التي تنظم الإنتاج المستقبلي لمثل هذه الأسلحة بعدما أعلنت الحكومات في أوروبا والولايات المتحدة وبمصداقية عن استعدادها للتدخل العسكري المباشر، بغض النظر عن غياب عمل الأمم المتحدة.[96] ومن ناحية أخرى، ما زالت الأزمة السورية مستمرة، بلا هوادة، مع ارتفاع في عدد الضحايا والأزمات الإنسانية، لأن قائد سوريا يعلم بأن المجتمع الدولي غير مستعد وغير قادر على إجباره على التنحي أو على وقف معاملته الوحشية لشعبه، لأنه غير موحد ولا يتكلم بصوت واحد وينقصه الجيش الدائم والقادر على إنفاذ رغبة المجتمع الدولي الجماعية إذا كان قادرا على الوصول لرغبة كهذه.

تزايد الأسلحة النووية

أما الشكل الآخر للسلوك الذي يهدد السلام العالمي فهو الإنتاج والتصدير غير

الشرعي لأسلحة الدمار الشامل، وخصوصا الأسلحة النووية، خلافا للقوانين الدولية التي تمنع هذا السلوك. ومن الأمثلة على هذا معركة المجتمع الدولي الطويلة لاحتواء انتاج كوريا الشمالية غير الشرعي للمواد والأسلحة النووية. وقعت كوريا الشمالية في البداية معاهدة الحد من انتشار الأسلحة النووية، والتي تلزم الدول عديمة القدرات النووية بعدم السعي لاقتنائها، وبالمقابل يسمح لها بالوصول إلى التكنولوجيا النووية وتلقي المساعدة لتطوير مرافق نووية سلمية مصممة لتوفير الكهرباء والخدمات الأخرى غير العسكرية، مثل العناصر الكيميائية المشعة للاستعمالات الطبية. وبذريعة طلب التكنولوجيا النووية لأغراض سلمية، ومنها توفير الكهرباء لشعبها، عملت كوريا الشمالية على برنامج سري موازي لصناعة الأسلحة النووية. وبعد أن ظهرت شائعات حول هذه الجهود السرّية عام 2002، ادعت كوريا الشمالية الحق في امتلاك مثل هذه الأسلحة، وطردت مفتشي وكالة الطاقة النووية الدولية الذين كانوا يعملون على إنفاذ معاهدة الحد من انتشار الأسلحة النووية، وانسحبت رسميا بعد ذلك من المعاهدة في العام 2003. وبعد ثلاث سنوات، أعلنت كوريا الشمالية أنها أجرت أول تجربة لسلاح نووي. منذ ذلك الوقت، عمل المجتمع الدولي بدون نجاح إلى إقناع كوريا الشمالية على التخلي عن سعيها للحصول على الأسلحة النووية. وأدت سنوات من المفاوضات المتقطعة إلى خرق الاتفاقيات بشكل متكرر من قبل كوريا الشمالية، وأثبتت العقوبات فشلها: فلم تتخلى كوريا الشمالية عن قنابلها النووية ولا عن قدرتها على انتاج البلوتونيوم واليورانيوم عالي التخصيب لإنتاج مثل هذه الأسلحة. كما استمرت كوريا الشمالية في تطوير الصواريخ الباليستية المحملة بالرؤوس الحربية النووية. وفي الربع الأول من عام 2014، أعلنت كوريا الشمالية عن اختبارها لسلسلة من الصواريخ البالستية قصيرة ومتوسطة المدى، وفي تشرين ثاني من نفس العام نقل عن القائد الأمريكي الأعلى في كوريا الجنوبية بأنه يعتقد بأن كوريا الشمالية قد انتهت أخيرا من بحوثها في السعي لتصغير السلاح النووي بحيث يمكن تحميله على صاروخ باليستي.[97] وزاد انتاج الصواريخ بعيدة المدى وتصغير الرؤوس الحربية النووية على هذه الصواريخ من عدد الدول التي تقع ضمن مرمى الصواريخ النووية لكوريا الشمالية وارتفع

مستوى الخوف والتهديد حول العالم. كما هددت كوريا الشمالية "بشكل جديد من الاختبار النووي" حيث حذرت بأنها ستستمر بإجراء التدريبات لتحسين قدرتها على الاعتداء على الأهداف متوسطة وبعيدة المدى بالأسلحة النووية.[98]

وكأن المخاوف حول شمال كوريا لم تكن كافية، اضطر المجتمع الدولي أيضا للتعامل مع الاشتباه بسعي إيران وراء الأسلحة النووية. مثل كوريا الشمالية، شيدت إيران محطات نووية سرية مخالفة بذلك التزاماتها كعضو في معاهدة الحد من انتشار الأسلحة النووية، ورفضت منح مفتشي وكالة الطاقة حرية الوصول إلى جميع مواقعها النووية أو تفسير كيفية سعي برامجها بشكل كامل للطاقة النووية السلمية فقط وليس للأسلحة النووية، وذلك بالرغم من العقوبات الدولية المتكررة والمتصاعدة. مرة أخرى، اعتبر المجتمع الدولي هذه النشاطات على أنها تهدد السلام في المنطقة، إلا أنه لم يكن قادرا على إيجاد حل فعال للمعضلة بالرغم من العقوبات الدولية والاستمرار بالتفاوض مع إيران للتوصل إلى اتفاق دائم مرضي للأطراف. وهنا أيضا، كان المكون الناقص والذي يشكل المفتاح للقضاء على التهديد الذي تسبب به سلوك إيران، وحدة الصوت والصرامة والعمل من جانب المجتمع الدولي المدعوم من قبل بنية تحتية مؤسسية ضرورية لدعم وإنفاذ القرارات الموحدة والجماعية. ينبغي أن يكون مجتمع الدول مستعدا لإيجاد قواعد واضحة فيما يتعلق ببناء المرافق النووية وأن يكون متمتعا بالسلطة للرقابة والتحقق من إنفاذ هذه القواعد. ينبغي أن تكون إمكانية وصول المفتشين النوويين الدوليين إلى أي مكان جزءا من البنية التحتية المؤسسية الجماعية التي تتصرف لضمان الأمن الدولي. كما أن أي دليل على مخالفة دولة ما للقواعد الدولية ينبغي أن يؤدي إلى عقوبات مباشرة مفروضة بطريقة موحدة من قبل جميع الدول بدون استثناء وأن يكون للمجتمع الدولي جيش دائم يتألف من قوى جميع الدول وقادر على إنفاذ رغباته بالقوة، إن دعت الحاجة، من أجل المحافظة على السلام.

تستمر بعض الدول مثل إيران وكوريا الشمالية بالتصرف بطرق تهدد السلام والاستقرار في مناطقهم والعالم لأنها تعرف بأنها قادرة على ذلك ولأنها تعرف بأن المجتمع الدولي ينقصه الوحدة والعزم الجماعية لإصدار أمر نهائي

ملزم قادر على الإنفاذ، باستعمال الأسلحة إن دعت الحاجة لذلك. وفي حال استمر الأمر على ما هو عليه، سيصبح العالم تحت رحمة الدول المصرة على السعي لامتلاك الأسلحة النووية.

تشكل الأسلحة النووية نوع واحد فقط من ثلاثة أسلحة تعرف باسم "أسلحة الدمار الشامل". أما الأسلحة الأخرى فهي الأسلحة الكيميائية والبيولوجية. إن استعمال الأسلحة الكيميائية ضد الشعب السوري عام 2013 خلال النزاع الأهلي بين مجموعات المعارضة والحكومة السورية أدى في النهاية إلى اعتراف الحكومة السورية بأنها تصنع الأسلحة الكيميائية وبأنها تملك مرافق لإنتاجها بالإضافة إلى مخازن منها. ونتيجة للضغط العالمي المكثف، تم التوصل إلى اتفاق نصّ على تقديم سوريا للائحة تتعلق بمخزونها وبمواقع التخزين وعلى موافقتها على إزالة هذه المخازن وتدميرها تحت رعاية الوكالة الدولية الموكلة إليها مهام الإشراف على تدمير الأسلحة الكيميائية. لسوء الحظ، اضطر العالم إلى الاعتماد على نية الحكومة السورية الحسنة في تقديمها معلومات كاملة حول مخزونها ومرافقها، ولم يكن هذا الأمر مثاليا بسبب الظروف القائمة. كما أن الحكومة السورية تخلفت عن تقديمها مخزون الأسلحة للتصدير والتدمير. بالإضافة، ادعت سوريا في ذلك الوقت بأن منظمة منع الأسلحة الكيميائية عليها أن تكتفي بقيام سوريا بإغلاق مرافقها الكيميائية بدلا من تدميرها، مما يخالف الاتفاقية الدولية السارية على مثل هذه الأسلحة والتي تنص على تدميرها.[99] واستمرت سوريا بالمماطلة: فمع نهاية أيلول 2014، يعتقد بأن هناك 12 مرفقاً على الأقل لإنتاج الكيماويات لم يتم تدميرهم في سوريا.[100]

أفعال الاعتداء على الأراضي

شهد ربع القرن الماضي ارتفاعاً في المحاولات العلنية من قبل دولة ما للسيطرة على دولة أخرى أو للاستيلاء على أجزاء من أراضيها وضمها لها. عندما احتلت العراق الكويت في آب 1990، انصدم المجتمع الدولي بارتكاب دولة هذا السلوك العدواني الصريح في نهاية القرن العشرين. وبهذا، حارب تحالف من الدول بقيادة

الولايات المتحدة لإخراج العراق من الكويت واستعادة الكويت لحدودها المعترف بها دوليا. لسوء الحظ، لم يردع هذا الجهد المشترك الناجح من قبل العديد من الدول تكرار الاعتداءات على الأراضي في السنوات التي تلت ذلك العدوان. ومن النزاعات الخطيرة على الأراضي بشكل خاص النزاع الذي تصاعد مؤخرا بعد أن كان يغلي بهدوء بين الصين واليابان على مجموعة من الجزر في بحار شرق الصين التي تعرف لليابانيين باسم جزر سنكاكو (أو ديالو بالنسبة للصينيين). وبدأ النزاع بالتصاعد مع إظهار كل دولة للسلوك العدواني لتحديد سيطرتها على المنطقة. ومع أن هذه الجزر تشكل في الواقع مجموعة من الصخور غير القابلة للعيش في البحر، إلا أنها غنية بالموارد الطبيعية التي تتواجد في البحار الإقليمية المحيطة بها، مثل النفط والغاز، مما يجعلها جذابة ومطلوبة جدا، ويزيد من التوتر بين البلدين. وبدأ التعبير عن المخاوف بأن عدم حل هذا النزاع في وقت قريب قد يؤدي إلى اندلاع حرب في جنوب شرق آسيا. واعترافا منهما بالمخاطر، وافقت الدولتان في وثيقة رسمية أن تعترف كل منهما بالمواقف المختلفة لها فيما يتعلق بمياه بحر شرق الصين، وتشمل تلك المحيطة بالجزر المتنازع عليها. كما طلب رئيس وزراء اليابان بإنشاء خط ساخن بين البلدين بأسرع وقت ممكن بهدف منع تفاقم أي نزاعات أو حوادث صغيرة بين السفن الصينية واليابانية في المياه المتنازع عليها وتحويلها لنزاع عسكري.[101] ومع أن هذا امر متفائل، إلا أنه لا توجد ضمانات بأن هذه الخطوات الأولى المؤقتة ستؤدي إلى حل ودي للنزاع. وفي هذه الأثناء، لا يتمتع المجتمع الدولي ببنية تحتية على شكل محكمة دولية ذات اختصاص قضائي إلزامي لإجبار الأطراف على إحالة النزاع لها، وبهذا لا يسعه إلا أن ينظر ويتأمل بأن النزاع لن يؤدي إلى حرب في آسيا. وحتى لو أحال الأطراف النزاع إلى المجتمع الدولي، لا تتمتع المحكمة بأي وسيلة لإنفاذ قراراتها بسبب عدم وجود جيش دولي دائم يمثل المجتمع الدولي، مما يعني أن السلام والاستقرار في المنطقة مرهون بنوايا الأطراف الحسنة.

مؤخرا، شهد العالم عام 2014 اعتداءً آخر على الأراضي تمثل بضم روسيا لشبه جزيرة القرم والتي كانت جزءا من أوكرانيا على مدى نصف قرن من الزمن. كما نقلت روسيا أعداد كبيرة من قواتها إلى المناطق الحدودية شرق

أوكرانيا، مما أدى إلى مخاوف بأنها ستضم شرق أوكرانيا أيضا. وفي منتصف شهر تشرين ثاني 2014، نُقل عن قائد عسكري رفيع المستوى في حلف الناتو بأن روسيا تحرك أعداداً من الدبابات والمدفعيات والمعدات وأنظمة الدفاع الجوي والجنود المقاتلين من روسيا إلى أوكرانيا، مما زاد من مخاوف أوكرانيا بأن روسيا تخطط لاحتلال كامل.[102] وتشعر دول أخرى في أوروبا، وخصوصا من الأعضاء السابقين في الاتحاد السوفيتي، بالقلق من عودة منافسة الحرب الباردة بين أوروبا الغربية وروسيا، وتتساءل ما إذا كان تقليل قوات الناتو بعد انتهاء الاتحاد السوفيتي مبني على الافتراض الخاطئ بأن روسيا لن تعود للاعتداء على جيرانها. ومع أن أمريكا قللت من قواتها ومعداتها، فلقد قامت دول حلف الناتو أيضا بالتقليص من الانفاق على دفاعاتها خصوصا على ضوء الأزمة المالية والحاجة إلى تخفيض الميزانيات. ونقل عن رئيس هيئة الأركان السابق في بريطانيا قوله "مع تجدد روسيا، فإن هذه لحظة سيئة لضعف الغرب بقيادة الولايات المتحدة في العزم والقوة". وعلق أيضا على حقيقة أن روسيا ستنتظر إلى ما هو أبعد من الدبلوماسية والعقوبات في النهاية "لترى من أين سيأتي الضبط الحقيقي لأفعالها".[103] على ضوء أفعال روسيا، يخطط حلف الناتو لتعزيز تواجده في شرق أوروبا بدءا بتأسيس فرقة قوامها 4,000 جندي ستكون جاهزة في كانون ثاني 2016 للانتشار بسرعة، خلال أيام، للدفاع عن دول البلطيق وأوروبا الوسطى الأعضاء في حلف الناتو. ومع أن بولندا كانت تتمنى استقرار هذه الفرقة على أراضيها، لم يتم اتخاذ قرار نهائي حول مقر هذه الفرقة. ومن المتأمل أن تردع هذه الفرقة المزيد من الاعتداءات الروسية على الأراضي وأن تبث الطمأنينة بين أعضاء حلف الناتو من دول البلطيق، استونيا ولاتفيا ولتوانيا، بأن الحلف سيدافع عنها في حالة تهديدات روسيا المستقبلية.[104] في هذه الأثناء، أسست لتوانيا، التي لم ترغب بالانتظار لإجراءات حلف الناتو، قوة رد سريع قوامها 2,500 مقاتل، على أمل أن تتمكن من وقف أي اعتداء روسي أثناء انتظارها لدعم الحلف.[105]

لا يؤثر اعتداء روسيا على أراضي أوكرانيا على المنطقة فحسب، وإنما يشكل مصدر قالق عالمي بسبب أثر الاعتداء على اقتصاد أوكرانيا، مما سيتطلب

تدفق الكثير من الأموال القادمة من الغرب. وفي المناطق الشرقية حيث يدور النزاع بين الانفصاليين الروسيين والقوات الأوكرانية، تقدر التقارير بأن الأضرار قد وصلت إلى مليارات الدولارات. كما أن روسيا قطعت الغاز عن أوكرانيا وفرضت عقوبات بهدف تقويض تجارتها. وبالمحصلة النهائية، قُدر بأن الاقتصاد الأوكراني سيتقلص بنسبة 10 بالمائة مع نهاية العام 2014، وهي نسبة أكبر بكثير مما كان متوقعا في البداية.[106] كما يمكن أن تؤدي العدوانية الروسية ضد أوكرانيا إلى زعزعة السلام والاستقرار في العالم بسبب إدخالها لدول أخرى، ومنها أعضاء الاتحاد الأوروبي وحلف الناتو، وعلى رأسها الولايات المتحدة، في فلك النزاع.

قد تتفجر الكثير من النزاعات الحدودية الأخرى حول العالم في أي وقت كان وتتحول إلى نزاع مزعزع للاستقرار، ومنها النزاع على حدود البحر الغربي بين الكوريتين الشمالية والجنوبية الذي أدى إلى تبادل متقطع للنار بين البلدين في العامين 2010 و2014. واستمر هذا النزاع الحدودي في التفاقم، حيث نشرت كوريا الشمالية الصواريخ قصيرة ومتوسطة المدى وطورت صاروخ باليستي عابر للقارات، وأجرت كوريا الجنوبية مؤخرا اختبار صاروخ خاص بها ونجحت في إطلاق صاروخ باليستي جديد قادر على الوصول إلى معظم أنحاء كوريا الشمالية.[107] أما النزاعات الحدودية الخطيرة الأخرى، ومنها القائمة منذ زمن بعيد، فهي بين الهند والباكستان والصين على كشمير ومناطق أخرى متفرقة، وبين إسرائيل وسوريا على هضبة الجولان، وبين إسرائيل والسلطة الفلسطينية على اورشليم وعلى حدود الدولة الفلسطينية المقترحة. قد تتفجر جميع هذه النزاعات مع نزاعات أخرى وينشأ عنها العنف والحرب، وقد تنتشر إلى ما هو أبعد من المناطق ذات الصلة، مع تدخل الدول الأخرى لدعم جانب ما ضد الجانب الآخر.

الحل: نظام فعال للأمن الجماعي

من الواضح بأن المجتمع الدولي قد تخلى منذ زمن بعيد عن مسؤوليته في اتخاذ

الخطوات الضرورية للمحافظة على السلام وعلى منع العنف في العالم. ولسوء الحظ، فمن يعاني نتيجة هذا هو الشعب. أما الحل لجميع هذه المشاكل يقع في نظام عالمي للأمن الجماعي القوي والمرن، ضمن سياق الاتحاد العالمي. وينبغي أن يكون هذا النظام قادرا على تخفيف مخاطر خرق أي دولة للسلام والأمن العالمي مع توفير وسائل استعادة السلام بسرعة وبكفاءة في حالة أي خرق.

منع خرق السلام والأمن العالمي

لإحباط ومنع النزاع والمحافظة على السلام، ينبغي تحقيق عدد من المتطلبات.

إيجاد اتفاقية دولية ملزمة حول الأمن الجماعي

كخطوة أولى، على دول العالم التوصل إلى اتفاق عالمي يهدف حصريا لضمان السلام والأمن للجميع. ولزيادة فرص النجاح، ينبغي صياغة هذا الاتفاق أولا من قبل مجموعة أساسية من قادة العالم المعروفين بنواياهم الصافية وتفانيهم للسلام العالمي، ونزاهتهم واستقامتهم، وشجاعتهم في السعي لمنفعة البشرية ككل، ورغبتهم في الاستمرار في خدمة المنفعة الجماعية. عند توصل هذه المجموعة الأساسية للاتفاق، عليها أن تسعى للمصادقة عليه من قبل جميع الدول ولإيجاد اتفاقية دولية تشارك فيها جميع الدول. وينبغي أن يكون البند الأساسي لهذه اتفاقية أن مخالفة أي دولة لنصوص الاتفاقية وبالتالي تقويض السلام، سيؤدي إلى عمل جميع الدول الأخرى كقوة واحدة لإجبارها على الامتثال. وينبغي تنفيذ هذه الاستجابة الموحدة تبعا لمعايير محددة مسبقا وقواعد يتم التوصل إليها وتنفيذها بشكل جماعي.

الحد من كمية ونوع الأسلحة التي يمكن لكل دولة اقتناءها

للتقليل من مخاطر احتمال خرق أي دولة للسلام، ينبغي تقييد كمية ونوع الأسلحة التي قد تمتلكها أي دولة. فمن حيث المبدأ، على جميع الدول الموافقة على حد

كمية الأسلحة التي يمكن لكل منها امتلاكها بالحد الأدنى الذي تحتاجه للمحافظة على النظام والأمن داخل حدودها. وينبغي أن يتم النص على هذا الاتفاق في اتفاقية دولية، وبعد ذلك، يجب تعيين هيئة دولية لدراسة ظروف كل دولة وتحديد الكمية المعقولة لكل دولة. كما وعلى الهيئة أن تجري تحقيقا لتحديد كمية الأسلحة التي تملكها كل دولة ومن ثم رسم خطة لتدمير كميات الأسلحة التي تفوق الكمية التي تعتبر كافية للمحافظة على النظام الداخلي. وأخيرا، يجب الإشراف على عملية تدمير الأسلحة من قبل هيئة معينة دوليا، لضمان الشفافية وتجنب إثاره الشبهات.

ولكي تنجح هذه الخطة، يجب أن تنطبق خطة تقييد ملكية الأسلحة لجميع الدول بدون استثناء، ولا يمكن السماح لأي دولة بأن تعتمد على استثناء أمني لعدم المشاركة في الاتفاقية، ولا يمكن السماح لأي دولة الانسحاب من الاتفاقية. وإذا رغبت دولة ما بأي من هاذين الخيارين، ينبغي أن يعتبر هذا الفعل كتهديد للسلام وأن يؤدي إلى عمل إنفاذ جماعي.

كما ينبغي أن تضم الاتفاقية الدولية بند للقضاء على جميع الأسلحة النووية، فلا يوجد أي سبب لامتلاك أي دولة للأسلحة النووية لأن استعمالها لا يمكن تخيله فهو غير عادل ويستحيل حصره كما تعلمت البشرية من التجربة القاسية. وما دامت دولة واحدة تملك الأسلحة النووية، سترغب بها دول أخرى لعدة أسباب، منها الشعور بانعدام الأمان بين الدول المجاورة أو المعادية، والرغبة بالتمتع بالمزيد من السلطة والتأثير على العالم. بالإضافة إلى القضاء على مخازن الأسلحة النووية القائمة، على جميع الدول الاتفاق على وقف تطوير وإنتاج أسلحة الدمار الشامل الجديدة، بالإضافة إلى المواد الانشطارية، مثل اليورانيوم المخصب والبلوتونيوم المنفصل والذي يمكن أن يستخدم لإنتاج هذه الأسلحة. كما على الدول الاتفاق على وضع جميع المرافق والمواد النووية الضرورية لإنتاج الطاقة النووية تحت إدارة وسيطرة هيئة وطنية عليا تضمن استعمالها حصرا للأغراض الشرعية والسلمية، مثل انتاج الكهرباء أو النيوكليوتيدات لتلبية متطلبات الطاقة أو المتطلبات الطبية للكرة الأرضية. سيقضي هذا على خطورة تحويل برنامج نووية شرعية منتجة للطاقة لأغراض عسكرية بشكل سري من

قبل أي دولة.

تقوية المحكمة الدولية لتصبح أكثر كفاءة وثقة

لا شك بأن الدول ستواجه بعض النزاعات والتي ينبغي حلها. يجب أن يكون هدفنا ضمان حل سلمي دون اللجوء للعنف ودون التفاقم للنزاعات المزعزعة للاستقرار. وحتى يتحقق هذا، يجب إلزام الدول بإحالة النزاعات إلى المحكمة العدل الدولية، والتي تمنح اختصاص إلزامي على جميع النزاعات بين الدول، والتي تخضع لها كل الدول دون استثناءات و دون انسحاب منها. كما يجب أن تكون قرارات المحكمة الدولية ملزمة لجميع الأطراف في أي نزاع ويجب أن تكون قابلة للإنفاذ من قبل قوة عسكرية دولية. بدون هذا المتطلب، قد تتجاهل الدول قرارات المحكمة الدولية من خلال الحصانة، وبهذا تقوض من مصداقية المحكمة وتزيد من فرص النزاع.

حتى يتسنى للدول الاتفاق على تقوية المحكمة الدولية بهذه الطريقة، ينبغي أن تتمتع المحكمة باحترام وثقة جميع الدولة، ولن يتحقق هذا ما لم تعتبر ممثلة لجميع الدولة بشكل مناسب وإذا لم يكن قضاتها عادلين ويعملون على تحقيق المصلحة الجماعية لمجتمع الدول. لهذا، يجب أن يكون هؤلاء القضاة غير منحازين وبدون أي شوائب أخلاقية. يكمن سر خلق مثل هذه الثقة في طريقة انتخاب القضاة إلى المحكمة الدولية. قبل أي شيء، ينبغي انتخابهم بدلا من تعيينهم، ومن وسائل الانتخاب التي تضمن التمثيل الواسع الطلب من برلمان كل دولة انتخاب ممثلَيْن أو ثلاثة بنسبة تتناسب مع حجم سكان الدولة، وبعدها يتم التأكيد على انتخاب الممثلين الوطنيين من قبل السلطة التنفيذية ورئيس الدولة في كل دولة، وبعدها يقوم الممثلين بانتخاب عدد معين من بين أنفسهم للعمل في المحكمة الدولية. بهذه الطريقة، ستمثل المحكمة بحق جميع الشعوب والحكومات.

بعد انتخابهم، على قضاة المحكمة الدولية العمل بشكل مستقل وبدون ضغوط سياسية أو أي تدخل خارجي آخر. ينبغي أن تكون هذه التعيينات لفترة ثابتة وينبغي منعهم من الترشح لأي مناصب حكومية مستقبلية. كما يجب أن

تسن قواعد لضمان تمويل المحكمة بشكل كافي من الضرائب الدولية المفروضة من قبل المجلس التشريعي الدولي ودفع الأجور الكافية للقضاة وعدم تعريضهم للضغوط عند فصل القضايا لصالح أي طرف ولا للعقاب بعد ذلك، إن كان ذلك قبل أو بعد تقاعدهم.

استعادة السلام بسرعة وبكفاءة في حالة الانتهاك

مهما كانت قوة وكفاءة نظام الأمن الجماعي المصمم جيداً، من غير المرجح أن يكون قادرا على إحباط جميع النزاعات، فقد تكون هناك حالات (ليتها نادرة) ترغب فيها الدولة بالتصرف بطرق تقوض من السلام الدولي أو الإقليمي. في مثل هذه الحالات، يجب أن يكون نظام الأمن الجماعي الفعال قادر على إرغام الدولة بسرعة على الانصياع وعلى استعادة السلام، ولهذا الشأن يحتاج النظام إلى آلية إنفاذ قوية، وخصوصا إلى قوة عسكرية دولية دائمة.

تأسيس جيش دولي دائم

في حالة مخالفة الدولة لأي من بنود الاتفاقية الدولية، وبالتالي انتهاكها السلام أو قيامها بأي عمل يهدد السلام، مثل رعاية المجموعات الإرهابية، أو المشاركة في انتهاكات جسيمة لحقوق الانسان على نطاق واسع، أو انتاج أو شراء الأسلحة النووية، يجب أن يكون للهيئة التنفيذية الدولية المؤسسة، كما أشير سابقا، تحت إمرتها قوى ومعدات جاهزة لنشرها بسرعة وفعالية للمحافظة على السلام أو لاستعادته. بدون مثل هذه القدرة على الإنفاذ، تعتبر الاتفاقية الدولية رسالة ميّتة وتفقد السلطة التنفيذية سلطتها وفعاليتها ومصداقيتها كما نشهد اليوم فيما يتعلق بمجلس الأمن في الأمم المتحدة، الوكالة الدولية المناط بها مهمة المحافظة على الأمن والسلام العالميين. يزخر التاريخ الحديث بأمثلة على عدم كفاءة وضعف مجلس الأمن، ذكر البعض منها أعلاه مثل الإبادة الجماعية في دارفور، وبرامج الأسلحة النووية غير الشرعية في كوريا الشمالية وإيران، والمجازر وانتهاكات حقوق الإنسان على نطاق واسع في سوريا.

تعارض الكثير من الشعوب والدول تشكيل جيش دائم بسبب خوفهم من خروجه عن السيطرة واستغلاله كأداة للتهديد من قبل حكومة عالمية مستبدة. لإقناع المشككين بأن الجيش الدولي الدائم محوري لسلامة البشرية وبأنه يساهم في المصلحة الفضلى لجميع الدول، علينا تطبيق المبادئ التأسيسية الثلاثة التالية عند إنشاء مثل هذه القوة.

المبدأ الأول هو للقوة دور مهم في العلاقات الدولية، ما دامت تُستخدم بشكل جماعي وتبعا للإرشادات الواضحة والمحددة مسبقا من قبل المؤسسات الجماعية التي تمثل حقا جميع دول العالم. كما وسيقتصر استخدام هذه القوة على خدمة العدالة بالمفهوم الذي قد يكون سبق تحديده بالإجماع من قبل جميع الدول. تحدّث أحد أهم صانعي السلام في القرن العشرين عن هذه النقطة، قائلا بأن الحرب في بعض الأحيان هي "أساس قوي للسلام" و"الدمار قد يكون الوسيلة الأساس لإعادة البناء."[108] ويتابع قائلا أنه في حالة الخوض في حرب لغرض صالح، فإن "هذا الاستبداد الظاهر" هو "أساس العدالة" وأن "هذه الحرب تشكل حجر الأساس للسلام."[109] لتوضيح ضرورة الاستعمال الجماعي للقوة بين الحين والآخر يمكن تشبيه الأمر بالعلاج الكيميائي – استعمال الكيماويات القاتلة لقتل الأنسجة المصابة – لتخليص الجسد من السرطان، فعلى الرغم من تدمير الكثير من الخلايا الصحية مع السرطانية، فإن الاستراتيجية البديلة التي تنطوي على عدم فعل أي شيء فهي ليست بالاستراتيجية التي قد تأتي بأي منفعة. لذا فإن التضحية ببعض الخلايا الصحية أمر ضروري للهدف الأسمى، وهو انقاذ المريض. إذا ركزنا على المحافظة على جميع الخلايا سليمة، سنخاطر عندها بخسارة المريض تماما.

أما المبدأ الثاني فهو تقليص السيادة الوطنية. وقد تم الاعتراف بهذا المبدأ ضمنا في سياق استعمال القوة عند صياغة ميثاق الأمم المتحدة الأصلي حيث اعترف العاملين على صياغة الميثاق بأن استعمال القوة سيكون ضروريا في بعض الأحيان، وبهذا قاموا بالنص على دخول الدول في اتفاقيات مع مجلس الأمن للمساهمة بالقوى المسلحة، والمساعدة، والمرافق، لاستعمالها من قبل المجلس في حالة تهديد أو خرق السلام العالمي.[110] لسوء الحظ، وبسبب عدم

استعداد الدول لتقليص قبضتها على السيادة المطلقة، وخصوصا في مجال القوة العسكرية وتحديدا فيما يتعلق بتأليف وصيانة ومواقع قواتها، لم يتم إدخال بعض البنود ذات الصلة في الميثاق مما أدى إلى اضعاف مجلس الأمن بشكل كبير منذ ولادته.

والمبدأ الثالث والأخير هو أن مصلحة الجزء يمكن تحقيقها من خلال ضمان مصلحة الكل. بكلمات أخرى، إن الدولة قادرة على ضمان سلامتها في حال ضمنت مصلحة مجتمع الدول ككل، أي أنه في حالة تهديد السلام أو خرقه، ينبغي أن تكون الاستجابة جماعية، من قبل مؤسسات جماعية مثل مجلس الأمن المعاد إنشاؤه أو الهيئة التنفيذية الدولية في الاتحاد العالمي بدعم من القوة الدائمة التي تمثل جميع الدول. كما أن هذه الاستجابة ينبغي أن تكون تبعا للقواعد التي تم تحديدها سلفاً بشكل جماعي.

وعندما تتقبل الدول هذه المبادئ، ستكون جاهزة أكثر لقبول الحاجة إلى جيش دائم مستقل عن رغبات أي دولة واحدة أو مجموعة من الدول، بالإضافة إلى استقلاله عن النفعية، في عمله لإنفاذ الاتفاقية الدولية والقانون الدولي.

تحديد معايير وشروط استخدام جيش دائم

بالإضافة إلى إنشاء جيش دولي دائم، من الأهمية بمكان أن تكون المعايير التي تتصرف تبعا لها هذه القوة لإنفاذ السلام محددة مسبقا من قبل جميع الدول جماعيا، بهدف تجنب بعض الأخطاء التي اقترفت عند صياغة نظام الأمم المتحدة الحالي. على سبيل المثال، تبعا لشروط ميثاق الأمم المتحدة، يمكن لمجلس الأمن استعمال القوة لاستعادة السلام أو المحافظة عليه عندما يكون هناك تهديد للسلام، خرق للسلام، أو عمل عدائي،[111] إلا أن هذه الشروط غير محددة. ينبغي معالجة هذه النقطة، فيجب أن يحدد تعريف شروط اتفاق أمني جماعي جديد الظروف التي تؤدي إلى تصرف الجيش الدائم، وكحد أدنى، يجب أن تشمل هذه: انتهاكات حقوق الانسان الجسيمة مثل الإبادة الجماعية، انتاج، شراء أو بيع غير شرعي لقدرات نووية بشكل مخالف للقوانين الدولية، رعاية الدولة للإرهاب، تراكم

الأسلحة، الاعتداء على الأراضي، عدم تنفيذ قرارات المحكمة الدولية (خصوصا إذا كان هذا سيؤدي إلى النزاع)، ومخالفة أي بنود في الاتفاقية الدولية.112

خطوات تدريجية نحو إنشاء جيش دائم

في العمل على تأسيس جيش دائم كما بينت الرؤيا أعلاه، سنواجه على الأرجح مقاومة من الدول، إلا أنه يمكن اقتراح نهج تدريجي قد تتقبله الدول بشكل أفضل. أولا، يتم إنشاء منظمات أمنية إقليمية، لكل منها قوة دائمة. في هذه المرحلة الأولى، تنسق جميع القوى الدائمة الإقليمية نشاطاتها كجزء من شبكة فضفاضة تغطي الكرة الأرضية. وبهذا سيكون أسهل على الدول تقبل هذه الخطوة، لأن التجارب أثبتت بأنه يسهل على الدول التخلي عن سيادتها على الأمن الوطني لصالح منظمة إقليمية مقارنة بمنظمة دولية (ومن الأمثلة الجيدة على هذا قوة الاستعداد الافريقية وقوة الاستجابة السريعة الأوروبية). ويعود هذا لعدة أسباب، منها الاشتراك باللغة والثقافة غالبا في المنطقة، مما يؤدي إلى المزيد من الثقة والتفاهم. كما أن المنظمة الإقليمية اللامركزية لا تثير نفس المخاوف التي تثيرها سلطة مركزية بعيدة تتخذ القرارات عن بعد، بدون الفهم الكاف للظروف المحلية والتبعات السلبية المحتملة للقرارات الخاطئة. بالإضافة إلى هذا، لكل دولة حافز أقوى للتعاون في المحافظة على الأمن الإقليمي، لأنها تتأثر بشكل مباشر وأكبر بالأحداث التي قد تخفق في محيطها. وبالتالي، فإن مصلحتها تتطلب المشاركة بجهود المحافظة على أمن المنطقة.

عند تشكيل هذه الشبكة المدمجة الفضفاضة من المنظمات الأمنية الإقليمية وتأسيس قواها الدائمة، وبعد عملها لفترة من الزمن، يمكن اتخاذ الخطوة الثانية، وهي إضفاء الصفة الرسمية على العلاقة ما بين المنظمات الأمنية الإقليمية والهيئة التنفيذية الدولية، وتمكين الهيئة من استعمال القوى الاقليمية. ولهذه الخطوة المنفعة المضافة بأن تقوم الهيئة التنفيذية الدولية، والتي تراقب الاحتياجات الأمنية للكرة الأرضية، بتعيين المسؤولة الأولية عن أمن كل منطقة للمنظمة الأمنية الاقليمية ذات الصلة. ويكون المبدأ العامل هنا اعتبار أي تهديد

لدولة واحدة كتهديد لجميع الدول في المنطقة. ولكن، قبل استعمال القوى الأمنية في أي حالة معينة، ستحتاج المنظمة الأمنية الإقليمية أولا إلى موافقة الهيئة التنفيذية الدولية، كما هو مطلوب حاليا فيما يتعلق بمجلس الأمن تبعا لميثاق الأمم المتحدة،113 باستثناء الحالات الطارئة التي يمكن فيها للمنظمة الأمنية الإقليمية التصرف أولا وطلب المصادقة لاحقا. وأخيرا، ستكون الميزة الإضافية في تنسيق النشاطات الأمنية حول العالم من قبل الهيئة التنفيذية الدولية، إمكانية تحديد إطار زمني لحل المشكلة الإقليمية من قبل القوة الإقليمية. وإذا لم تتمكن القوة الأمنية من تحقيق الهدف ضمن الفترة الزمنية المحددة، يمكن للهيئة التنفيذية الدولية عندها طلب مساعدة القوى الإقليمية الأخرى. سيؤدي هذا التضامن التدريجي في حل المشاكل إلى بناء الثقة وتعليم المناطق في العالم كيفية العمل معا لتحقيق هدف السلام المشترك.

في النهاية، سيكون العالم جاهزا للخطوة الثالثة والنهائية وهي توحيد وإدماج القوى الإقليمية المختلفة لتصبح وحدات دائمة في الجيش الدائم المستقل ومقره المناطق الإقليمية المختلفة. يعتبر هذا الترتيب منطقيا من ناحية عملية لأن القوى ستكون قريبة من النزاعات التي قد تنشأ في مناطقها وبهذا تكون قادرة على التصرف بشكل أسرع. كما أن هذا الترتيب منطقي من الناحية المالية لأنه يقضي على تكاليف النقل عبر مسافات كبيرة والحاجة إلى تأسيس مقرات إقليمية جديدة في كل مرة يكون هناك نزاع جديد. وفي هذه المرحلة النهائية من التطور، ستعمل هذه الوحدات حصرا بناءً على أوامر الهيئة التنفيذية الدولية وبشكل مستقل تماما عن الدول المنفردة أو المجموعات الإقليمية من الدول، إلا أنها ستشارك في تمارين مشتركة منتظمة، وستتمتع بأنظمة اتصالات مدمجة، ومعدات متوافقة، ولغة مشتركة، حتى تتمكن من العمل معا بشكل موحد بطريقة سلسة وفعالة إن دعت الحاجة.114

مزايا الجيش الدولي الدائم

سيعود تأسيس جيش دائم دولي بالعديد من المزايا، ومنها الردع: ستزيد فرص

أخذ الدول لتبعات العمل الجماعي ضدها بعين الاعتبار قبل أن تخالف القوانين الدولية دون خشية العقاب. كما ستتمتع القوانين والمؤسسات الدولية بالسلطة التي يمكن إنفاذها على أرض الواقع، وليس على الورق فقط. كما أن وجود قواعد مسبقة متفق عليها والتي تحدد متى يمكن استخدام الجيش الدائم يعني أن الوكالات الدولية المناط إليها مهام المحافظة على سلام الكرة الأرضية، مثل مجلس الأمن الحالي أو الهيئة التنفيذية الدولية المستقبلة، ستكون قادرة على التصرف بسرعة، وعلى نحو حاسم، وبفعالية، دون التردد في حل المشاكل ما دامها صغيرة قبل أن تتصاعد لمستوى الحرب الشاملة. أما الميزة الإضافية فهي عدم الضغط على جيش أي دولة حيث لن تضطر أي دولة لتحمل العبء غير العادل أو غير المتكافئ إما ماليا أو بشريا. وأخيرا وليس آخرا، سيضمن مثل هذا النظام الجماعي تطبيق القواعد على قدم المساواة على جميع منتهكي السلام.

العالم بحاجة ماسة لنظام فعال للأمن الجماعي والذي سيكون بإمكانه ردع الدول عن الدخول في نزاعات واستعادة السلام المنتهك. ولا يعتبر إيجاد مثل هذا النظام ممكنا فحسب، بل هو أمر محتوم ولكنه يتطلب مجموعة من القادة المستنيرين ومن ذوي الرؤيا الثاقبة الذين يبحثون حصرا عن السلام، والذين يدخلون في اتفاق عالمي شبيه لما ذكر سابقا، لإيجاد مثل هذا النظام. ولكي يكون نظام الأمن الجماعي تحت مظلة الاتفاق العالمي فعالا، ينبغي على هذا النظام أن يحد على الأقل من كمية الأسلحة التي يمكن لأي دولة امتلاكها، والقضاء على الأسلحة النووية، وتقوية المحكمة الدولية، وتأسيس جيش دائم مدمج بشكل تدريجي.

التغير المناخي والطلب المتزايد على الطاقة

التغير المناخي

تتجلى الحاجة لاتخاذ قرارات جماعية على شكل اتحاد عالمي بوضوح خاصة في مجال التغير المناخي، والذي يمكن أن يعتبر أهم وأكبر تهديد يواجه البشرية

اليوم. وإذا لم تتم مواجهة الاحتباس الحراري، سيؤدي الأمر إلى أضرار لا يمكن تخيلها وسيدمر الحياة كما نعرفها.

لقد دأب العلماء على دراسة ورصد التغير المناخي لعدة سنوات. ففي عام 1988، أسست الأمم المتحدة هيئة حكومية حول التغير المناخي، والتي جمعت المئات من أهم العلماء من حول العالم لدراسة التغير المناخي وإصدار تقارير دورية تلخص نتائج هذه الدراسات. وقد حذرت هذه الهيئة منذ زمن بأن حرارة سطح الأرض ترتفع بسرعة كبيرة وغير مسبوقة، حيث أوضحت الهيئة في تقريرها الخامس بأن الاحتباس الحراري بالتأكيد (بنسبة حوالي 95%) ناتج بشكل مباشر عن النشاطات البشرية التي تؤدي إلى إطلاق غازات الدفيئة في محيط الأرض الحيوي.[115] وتحبس هذه الغازات بدورها الحرارة وتؤدي إلى ارتفاع في الحرارة عند سطح الأرض. يعتبر ثاني أوكسيد الكربون من أهم الغازات التي تساهم في غازات الدفيئة، ويصدر عن العديد من المصادر المصنوعة من قبل البشرية، وخصوصا حرق الوقود الاحفوري مثل الفحم، والخشب، والنفط، والغاز الطبيعي. ولا تعتبر ظاهرة الاحتباس الحراري حقيقية فحسب، وإنما تشكل هذه الظاهرة خطرا جسيما على الأنظمة البشرية والطبيعية، وما لم تتخذ إجراءات لوقف هذه الظاهرة، تحذر الهيئة من "التبعات الخطيرة، والمنتشرة، والتي لا يمكن عكسها" بحلول منتصف أو نهاية هذا القرن.[116] ويشكل الاحتباس الحراري تهديدا خطيرا للحياة على الأرض بعدة طرق: عند ارتفاع درجة الحرارة عند سطح الأرض، تذوب الأنهار الجليدية والغطاء الجليدي بسرعة، مما يؤدي إلى ارتفاع مستوى بحار ومحيطات العالم. وتتوقع الهيئة حاليا بأن ترتفع مستويات البحار حول العالم بين ثلاثة إلى اثني عشرا قدما بحلول العام 2100 ما لم تتم السيطرة على التغير المناخي.[117] ويشكل ارتفاع مستوى البحر بنسبة ثلاثة أقدام فقط كارثة حقيقية بالنسبة لبعض الدول، فجزر كيريباتي وجزرها المرجانية الاستوائية الثلاثة والثلاثين ترتفع عن سطح البحر ببضعة أقدام فقط، ويعني ارتفاع مستوى المياه بثلاثة أقدام غرق هذه الدولة التي يبلغ عدد سكانها 100 ألف نسمة، حيث تعاني هذه الدولة الصغيرة اليوم بالفعل بالنتائج السلبية لارتفاع مستوى البحر: تلوث المياه المالحة مصادر المياه العذبة

وتدمر الأراضي القابلة للزراعة، ويتوقع رئيس كيريباتي أنه لن يصلح العيش في دولته خلال 30 إلى 60 سنة.[118] كما أن مصيرا مشابها يواجه جزر أخرى مثل المالديف وتوفالو، بالإضافة إلى مجموعات أخرى من الجزر مثل أرخبيل سان بلاس بالقرب من شواطئ باناما.[119] ومع أن فيجي لا تواجه خطر الاختفاء تماما، إلا إنها ستخسر الكثير من أراضيها للبحر.

لسوء الحظ، مع أن مستويات البحار ترتفع في جميع أنحاء العالم، إلا أنها لا ترتفع بنسب متكافئة، فقد يؤدي التفاوت في درجات حرارة المياه، وتيارات المياه، وحركة الأرض، والملوحة إلى ارتفاع وانخفاض مستوى البحار على المستويين الإقليمي والمحلي، وبهذا ففي دول مثل بنغلاديش، من المتوقع أن يرتفع مستوى البحر أربع مرات أكثر من المعدل العالمي، أي بحوالي 13 قدم بحلول العام 2011. وسيؤدي ارتفاع مستوى المياه حتى بمعدل ثلاثة أقدام فقط إلى القضاء على العديد من المجتمعات الساحلية، ومنها أجزاء كبيرة من بنغلاديش، مما سيؤدي إلى نزوح الملايين من بنغلاديش وحدها. ويتوقع أن ينزح 50 مليون لاجئ من بنغلاديش بحلول العام 2050 إذا كان ارتفاع المياه كما هو متوقع اليوم.[120] وسيصبح سكان هذه المناطق لاجئين يبحثون عن أماكن جديدة يقطنون بها في الداخل. ومع تراجع كمية الأراضي التي يمكن للبشر العيش عليها وزراعتها من أجل الغذاء وتأمين المصادر المائية النظيفة منها، يتوقع من يدرسون المشكلة اندلاع نزاعات عنيفة كأمر لا مفر منه.[121]

كما أن الدول الغنية والقوية، مثل الولايات المتحدة، لن تكون محصنة ضد تبعات ارتفاع مستويات البحار، فيتوقع أن ترتفع مستويات البحار من جهة المحيط الأطلسي في الولايات المتحدة بحوالي ستة أقدام، مما يهدد مناطق سكنية كبيرة مثل بوسطن، ونيويورك، وبالتيمور، وفيلادلفيا، وبروفيدانس في ولاية رود أيلاند.[122] وتعتبر مدينة ميامي، ذات الكثافة السكانية العالية في الولايات المتحدة، مهددة بشكل خاص بارتفاع مستويات البحار بسبب بناءها على أرضية جيرية مسامية.[123] تتوقع الدراسات بأن ترتفع المياه حولها حوالي قدمين بحلول العام 2060.

[124] بالإضافة إلى ارتفاع مستويات البحار، يؤدي الاحتباس الحراري إلى

موجات الحرارة والأمطار الغزيرة. ويتسبب الجو الذي لا يمكن التنبؤ به إلى فشل المحاصيل بشكل متزايد في بعض المناطق، ويجفف أجزاء من العالم مثل منطقة البحر الأبيض المتوسط، ويزيد من حالات الجفاف والمجاعة. وبشكل عام، سيصعب على المزارعين، أكثر فأكثر، مواكبة الطلب المتزايد على الغذاء، خصوصا في المناطق الأعلى حرارة، مما سيؤدي إلى المجاعات. كما وحذرت الهيئة الحكومية حول التغيير المناخي بشدة من المخاطر التي تهدد مصادر الغذاء، مشيرة إلى أن التغير المناخي قد حد بالفعل من منتجات القمح والذرة على نطاق عالمي.[125] ويهدد التغير المناخي أيضاً الموارد المائية: فهناك تراجع في كثافة الثلوج في بعض المناطق، وفي مناطق أخرى بدأت مياه البحار المالحة تلوث مياه الأنهار وتحولها إلى مياه مالحة غير صالحة للشرب، بالإضافة إلى تحويل الأراضي حولها إلى أراضي غير قابلة للزراعة. ويدمر التغير المناخي أيضا الشعاب المرجانية والغابات ويهدد بالتسبب بالانقراض التام للعديد من أصناف النباتات والحيوانات والأسماك.[126] بدأت المواد العضوية التي كانت مجمدة حتى الآن في تربة القطب الشمالي بالذوبان، وهذه تطلق المزيد من غازات الدفيئة والتي ستفاقم من حالة التغير المناخي. والأسوأ قادم. "كل ما هو موجود على هذا الكوكب سيتأثر بالتغير المناخي."[127]

بالرغم من هذا الواقع، فشل النقاش العام حول التغير المناخي لعدة سنوات في التركيز على الحقائق التي قدمها العلماء، فيما ركز الحوار على الاستجابة للمشككين بحقيقة التغير المناخي أو تسبب الأفعال البشرية به. كانت هناك مجموعات ومنظمات سياسية ذات أجندات خاصة بها تؤثر على هذا النقاش، وشعر العلماء الذين تقنعهم الدلائل أكثر من الآراء بالإحباط لأن هذه المنظمات والجماعات السياسية تعطي العامة انطباع خاطئ بأن التغير المناخي غير حقيقي وأنه سيحدث في المستقبل البعيد وبهذا لا حاجة للقلق اليوم، أو أنه ناتج عن أحداث خارج سيطرة البشر، مثل التغيرات الطبيعية في مجموع مخرجات الشمس أو التغير في مسار دوران الأرض. فقط في الآونة الأخيرة، أمام الأدلة القاطعة بأن التغير المناخي حقيقي وله تبعات سيئة وبأنه ناتج عن الأفعال البشرية، بدأ الاعلام وقادة العالم أخيرا بالاعتراف بأن علينا أن نقوم باتخاذ إجراءات محددة،

وأننا بحاجة إلى ايجاد "حل عالمي".[128] وفي تقريرها الأخير، حذرت الهيئة بأن الوقت قد ينفذ لتحقيق استقرار في المناخ وفي تجنب إطلاق التبعات الكارثية، وعلينا بالتالي بذل الجهود المكثفة على مدى الخمسة عشر سنة القادمة لتحقيق هذا الهدف.[129]

الطلب المتزايد على الطاقة

يتفاقم تحدي الاحتباس الحراري بسبب تحدي منفصل في زمننا هذا ولكن له علاقة وطيدة بالأمر، فمع نمو عدد سكان العالم وازدهار الاقتصادات فيه، يرتفع طلبنا على الطاقة. ويقول الخبراء بأن استدامة النمو الاقتصادي العالمي الذي نشهده اليوم سيتطلب ضعفي موارد الطاقة وثلاثة أضعاف موارد الكهرباء بحلول العام 2050.[130] وفي تقريرها الأخير، تنبأت وكالة الطاقة الدولية بأن الطلب على الطاقة الأولية سيرتفع بنسبة 37% عام 2040، مما سيتسبب بضغط كبير على نظام الطاقة في العالم.[131] من ناحية، تعتمد الدول المتقدمة بشكل كبير على مصادر الطاقة والكهرباء لتغذية اقتصادها وبهذا تتمكن من استدامة صناعاتها ووسائل النقل فيها، وتوفير الطاقة للمستهلكين. لهذه الغاية، تحتاج الدول إلى الطاقة الكافية والتي يمكن تحمل كلفتها. ومن ناحية أخرى، تسعى الدول النامية للمواكبة اقتصاديا، بسبب العلاقة القوية بين كمية الطاقة التي تستهلكها للفرد ومؤشر التنمية البشرية الصادر عن الأمم المتحدة.[132] من المتعارف عليه أن النمو الاقتصادي ضروري لمكافحة الفقر العالمي. يتطلب النمو الاقتصادي موارد الطاقة الكافية والتي يمكن الاعتماد عليها.[133] إلا أن الدول النامية متخلفة في وصولها إلى الطاقة: لا يتمتع حوالي 1.3 مليار شخص في الدول النامية بأي كهرباء، وما زال حوالي 2.8 إلى 3 مليار شخص يعتمدون على الخشب أو القش أو الروث للطهي وتلبية احتياجاتهم من الطاقة. ويعيش معظم هؤلاء الأشخاص (حوالي 80%) في المناطق الريفية، وخصوصا في شبه الصحراء الافريقية وجنوب آسيا،[134] حيث يعيشون واقع يزرع الكراهية والإحباط والنزاع. من ناحية أخرى، يستهلك 20% من سكان الأرض 60% من الطاقة.

السؤال الأهم يبقى كيفية تلبية الحاجة للطاقة. أما الجواب فهو أن الكثير من الطلب على الطاقة (حوالي 80%) يتحقق من خلال حرق الوقود الأحفوري: الفحم والنفط والغاز. وقالت وكالة الطاقة الدولية عام 2014 أنه بالرغم من نمو مصادر الطاقة ذات الانبعاثات الكربونية المتدنية، "سينقسم خليط مصادر الطاقة في العالم بحلول العام 2040 إلى أربعة أجزاء متساوية إلى حد ما: النفط، الغاز، الفحم، والمصادر ذات الانبعاثات الكربونية المتدنية"، مما يعني أنه بالرغم من معرفتنا بالحاجة إلى تقليص حرق الوقود الأحفوري إذا كنا أردنا الحد من ارتفاع الحرارة إلى درجتين فقط، (وهو الحد الذي وضعته الهيئة لتجنب أخطر تبعات التغير المناخي)، وعلى ضوء النسب التي وصلنا إليها، سنبقى نعتمد على الوقود الأحفوري لتوفير 75% من احتياجاتنا من الطاقة بحلول العام 2040 .[135]

قبل فترة غير طويلة، كانت المخاوف ترتكز على نفاذ مصادر النفط والغاز، وأدى هذا الخوف مع أسعار النفط المرتفعة إلى ضغط كبير باتجاه الاستثمار في الابتكارات التكنولوجية والتنقيب عن النفط، مما أدى بدوره إلى اكتشاف وتطوير كميات كبيرة من المصادر الجديدة، ومنها النفط والغاز من المحيطات والقطب الشمالي وحقول الصخر الزيتي. ويتوقع خبراء الطاقة الآن بأن حجم النفط والغاز الذين سنحصل عليه سيكون كافياً لتحقيق احتياجات الطاقة في العالم "الأبعد مدى يمكن توقعه".[136] بسبب المخاطر التي تواجه البشرية في حال لم نسيطر على الاحتباس الحراري، لن يكون هذا سببا للاحتفال: فلا يمكننا ببساطة أن نتحمل تبعات هذا الكم الكبير من موارد الطاقة في العالم المنتجة من خلال الوقود الأحفوري.[137] ورقم ذلك، فإن استعمال الوقود الأحفوري آخذ في التزايد.

يشكل الفحم أسوأ أنواع الوقود الأحفوري وهو مُستخدم بكثرة في الدول النامية. في الهند والصين، وهي الدول ذات الكثافة السكانية الأكبر في العالم وذات الاقتصادات النامية والمتوسعة باستمرار، يشكل الفحم مصدر مهم لما يفوق 2 مليار شخص، كما أن هناك مقاومة للتخلي عن الفحم لأن مصادر الطاقة المتجددة لم تتطور بما فيه الكفاية لتستبدل الوقود الأحفوري تماما. وعلى سبيل المثال، في العام 2011 لبى الفحم 69% من احتياجات الصين للطاقة ولبى النفط والغاز معا

22% من الحاجة للطاقة، فيما لبت المصادر المتجددة نسب أقل بكثير، بلغت 6% من المصادر الكهرومائية و1% من الطاقة النووية و1% من المصادر المتجددة الأخرى. ومع أن الحكومة الصينية حددت لها هدفاً لرفع استهلاك الطاقة من مصادر غير الوقود الأحفوري إلى 15% من مجموع استهلاك الطاقة بحلول العام 2020، و مع ان من المتوقع ان اتكالها على الفحم سوف تنخفض الى 55 % حلول عام 2040 إلا أنه من المتوقع أن يرتفع استهلاك الصين للفحم بأكثر من 50% بين الآن والعام 2040، مما يعكس النمو الكبير في الطلب على الطاقة.[138] وهذا الواقع المر المنعكس في هذه الأرقام يُفسر ما أفاده نائب سفير الصين إلى الأمم المتحدة أثناء نقاش دار في مجلس الأمن، بأن اقتصاد بلده ينمو بسرعة وما زال يعتمد بشكل كبير على الفحم والوقود الأحفوري الذي يقول العلماء أنه يساهم في الاحتباس الحراري.[139]

عندما نأخذ بعين الاعتبار أن استهلاك الدول النامية للطاقة هو خُمْس ما تستهلكه الدول المتقدمة، يصبح من الواضح بأن الطريقة التي تلبي فيها هذه الدول الطلب على الكهرباء لها تبعات كبيرة بالنسبة لمصير العالم، وسيشكل إيجاد بدائل الطاقة النظيفة لها جزءا مهما من الحل.

ومن أسباب القلق أيضا الازدياد الملحوظ في استعمال الفحم، ويشمل هذا الفحم الحجري الليجنيت أو "الفحم البني" والذي يعتبر الفحم الاسوأ وذو النوعية المتدنية، حتى في الدول الأوروبية الأكثر وعيا من الناحية البيئية. ومن الجدير بالذكر أيضا أنه بالرغم من أهداف أوروبا الطموحة لخفض انبعاثاتها الكربونية بحوالي 80% مقارنة بمستوياتها عام 1990 بحلول العام 2020، إلا أنها ما زالت تعتمد بشكل كبير على الفحم كمصدر رئيس للطاقة وزادت أيضا من اعتمادها عليه، فهناك خطط لبناء 69 محطة جديدة تعتمد على الفحم بسبب سعر الفحم المتدني مقارنة بأنواع الطاقة الأخرى. وأصبح الفحم المستورد أقل سعرا من الغاز لأن الولايات المتحدة تصدّر الآن الفحم الفائض لديها إلى أوروبا بعد أن قللت من اعتمادها على الفحم بسبب استبداله بالغاز الناتج عن عمليات "تكسير" ترسبات الصخر الزيتي، في حين قدرة أوروبا على استخراج الغاز من ترسبات الصخر الزيتي ما زالت بدائية جدا مقارنة بالولايات المتحدة، وهي غير قادرة

على استيراد كميات كبيرة من الغاز الطبيعي المسال بسبب محدودية البنية التحتية والتي سيستغرق بناءها عدة سنوات، ويبقى خيارها الآخر لتأمين الغاز الطبيعي استيراده من روسيا عبر الأنابيب، إلا أن هذا الخيار غير مقبول أيضا بسبب ميل روسيا لاستعمال الغاز الطبيعي كسلاح لإرغام الدول العميلة على دعم أجندتها السياسية.[140]

لم يساعد تطوير التكنولوجيا لاستخراج الغاز الطبيعي المحصور في واحات الصخر الزيتي تحت الأرض من خلال التكسير الهيدروليكي وتحويل كميات كبيرة من الغاز الطبيعي الذي لم يكن بالإمكان الوصول إليه سابقا إلى مصادر جديدة لكميات جيدة من الغاز الطبيعي، في معركة وقف التغير المناخي. فالمشكلة هي أن الغاز الطبيعي، بالرغم من نظافة احتراقه مقارنة بالنفط أو الفحم، يبقى وقوداً احفورياً يطلق كميات كبيرة من ثاني أوكسيد الكربون المغير للمناخ عند احتراقه.[141] لسوء الحظ، تعني وفرة النفط والغاز أن الدول المتقدمة والنامية محفزة بشكل أقل لإيجاد مصادر نظيفة للطاقة كبديل لها. وتتوقع مجلة الايكونوميست أن المحطات التي تعتمد على الغاز "ستستبدل على الأرجح الألواح الشمسية، والمحركات الهوائية، ومحطات الطاقة النووية" عوضا عن محطات الطاقة التي تعتمد على الفحم.[142] وبهذا فإن سعي الدول للمحافظة على استقرار ونمو اقتصاداتها سيفاقم على الأرجح ظاهرة التغير المناخي.

كما أن المفارقة الأخرى هي أن زيادة اعتماد الولايات المتحدة على الغاز الطبيعي في الولايات المتحدة نتيجة للاتجاه نحو "التكسير" يعني أن الولايات المتحدة تصدر الآن الكثير من فحمها والبعض من غازها الطبيعي إلى أوروبا والدول الأخرى، مما يزيد من مستوى انبعاثات الكربون غير النظيف في أنحاء أخرى من العالم.[143] ويقلق علماء البيئة من أن يؤدي هذا إلى وضع العالم على مسار خطير يجعل السيطرة على الاحتباس الحراري ضربا من المستحيل، مع ما يرافق هذا من تبعات مدمرة.[144]

هناك مصدر جديد للطاقة أدى إلى الكثير من الحماس في دول مثل اليابان، يشار إليه "بالثلج القابل للاحتراق"، وهو عبارة عن غاز مستخرج من ترسبات بحرية لهيدرات الميثان داخل أحواض الهيدرات تحت البحر. ومع أن هذا الغاز

قد تم استخراجه بالفعل من أحواض الهيدرات البرية، إلا أن استخراجه من الأحواض البحرية عُرض لأول مرة في اليابان، الدولة ذات مصادر الطاقة الأخرى المحدودة والتي قللت مؤخرا بشكل كبير من اعتمادها على الطاقة النووية. ولكن، لسوء الحظ، ما زالت الآثار بعيدة المدى لاستعمال الميثان كغاز دفيئ غير مدروسة بما يكفي.[145] لهذا، يجب استعماله بحذر حتى لا تتفاقم أزمة الاحتباس الحراري الخطيرة أصلا.

ويضاف إلى مشكلة الاستخدام غير المستدام للوقود الأحفوري ردود أفعال بعض الدول لتبعات كارثة المفعل النووي فوكوشيما في اليابان. فقررت ألمانيا تقليل اعتمادها على الطاقة النووية وهي تخطط للاستغناء تماما على الطاقة النووية بحلول العام 2022. ولكن لسوء الحظ، ما زالت مصادر الطاقة النظيفة مثل الرياح والشمس غير قادرة على استبدال كميات كبيرة من الطاقة النووية، ولذا عادت ألمانيا للوقود الاحفوري الملوث للبيئة. وتستعمل ألمانيا الفحم البني غير النظيف الليجنت والفحم الأسود للتعويض في انتاج الكهرباء، وزادت من التنقيب عن فحم الليجنت وفتح محطات الطاقة الجديدة التي تعتمد على الفحم.[146] كما تتجه ألمانيا نحو الغاز الطبيعي، حيث أوضحت رئيسة الوزراء ميركل، "إذا أردنا أن نخرج من الطاقة النووية وندخل في الطاقة المتجددة، سنحتاج خلال الفترة الانتقالية إلى محطات توريد الطاقة الأحفورية".[147]

كما قررت اليابان إغلاق 39 من أصل 54 مفاعل نووي، كانوا يوفرون 30% من كهرباء اليابان. وللتعويض عن خسارة الكهرباء، شغلت العشرات من محطات الوقود الأحفوري العاملة على الفحم والنفط والغاز الطبيعي المستورد بمليارات الدولارات. ولأن اليابان ثالث أكبر مستخدم للكهرباء بعد الصين والولايات المتحدة، فإن التبعات بالنسبة للاحتباس الحراري كبيرة للغاية.[148] على ضوء القرارات المتخذة من قبل اليابان وألمانيا وعدد من الدول للتقليل من اعتمادها على الطاقة النووية بعد حادثة فوكوشيما، راجعت وكالة الطاقة النووية الدولية، المنتدي الحكومي المركزي للتعاون العلمي والفني في الشؤون النووية، توقعاته بالنسبة لنمو الطاقة النووية كمصدر طاقة بديل للوقود الأحفوري. منذ حادثة فوكوشيما، توقعت الوكالة بشكل ثابت "نمو أقل للطاقة النووية" وطلب

أكبر بكثير على الغاز الطبيعي حتى العام 2030 على الأقل.[149] ولن يكون لهذه النقلة تبعات خطيرة بالنسبة لتسارع الاحتباس الحراري فحسب، وإنما حذر المراقبون أيضا بأن الاعتماد المتزايد على موارد الغاز الروسية سيزيد من سيطرتها على أوروبا الغربية.

سنعاني جميعنا بسبب هذه الإجراءات التي تعتمد على النفعية، أي الحلول قصيرة الأمد التي تركز على المصالح الذاتية لكل دولة، لأنها ستفاقم من الاحتباس الحراري مع جميع التبعات الخطيرة بالنسبة للبشرية ككل. يجب تشجيع قادتنا الوطنيين على الاجتماع بدلا من ذلك والعمل معا على البحث عن وسائل تضمن الوصول العادل والمتكافئ للدول للطاقة التي تحتاج إليها للمحافظة على النمو الاقتصادي بالتزامن مع استدامة الحلول من الناحية البيئيه وضمان عدم مفاقمتها لمشاكل التغير المناخي التي تواجهنا. وأفضل طريقة لتحقيق هذه القرارات والإجراءات الجماعية تكون من خلال اعتماد وسيلة مستمرة ومنهجية، عن طريق إنشاء بنية تحتية للفدرالية العالمية تبعا لما هو مقترح في هذا الكتاب.

نظام الطاقة الحالي غير مستدام

من الواضح بأن النظام الحالي حول العالم والذي نعتمد عليه لدعم احتياجاتنا من الطاقة هو نظام غير مستدام وذلك بسبب الاعتماد غير الطبيعي على حرق الوقود الاحفوري والذي يقود العالم باتجاه كارثة بيئية. ولقد وصفت وكالة الطاقة الدولية الأمر كما يلي، "توجهاتنا الحالية فيما يتعلق بالطاقة والسياسة مكلفة، تؤذي البيئة، وتهدد الأمن."[150] إلا أن الاعتماد الكبير على الوقود الأحفوري ليس السبب الوحيد الذي يجعل نظام الطاقة لدينا غير مستدام، فنظام انتاج وتوزيع الطاقة الحالي مكسور جدا في عدة طرق مختلفة، وبهذا أدى إلى مجموعة كبيرة من المشاكل والتي أدت إلى تآكل النسيج الاجتماعي والأخلاقي والاقتصادي في مجتمع الدول، وقوض على أثر ذلك من سلام وأمن العالم. فيما يلي، سنقوم بدراسة بعض هذه المشاكل وآثارها.

النفعية وتجاهل السلوك المدمر

تقلق جميع الدول، سواء أكان اقتصادها متطورا، مثل الولايات المتحدة والدول الأوروبية، أو ناميا، مثل الصين والهند، من عدم تلبية احتياجات الطاقة لديها. ويبدو أن هذا القلق ينعكس بشكل خاص وقوي على الدول النامية التي ترتفع احتياجاتها من الطاقة بسرعة كبيرة جدا. وتتلخص النتيجة بالاندفاع نحو حبس مصادر النفط والغاز المحلية (الأمر الذي يشار إليه في كثير من الأحيان بمصطلح "وطنية المصادر") وتأمين الصفقات مع الدول الغنية بالطاقة مهما كان الثمن، وتشمل الاستعداد المؤسف لتجاهل الفظائع التي ترتكب من قبل تلك الدول. ولقد رأينا ذلك في المثال الذي ذكر أعلاه، وهو عدم استعداد الصين للانضمام إلى غالبية الدول الأخرى في معاقبة السودان على فظائع حقوق إنسان موثقة بشكل جيد في منطقة دارفور، والتي يعتبرها الكثيرون إبادة جماعية، بعد اكتساب حقوقها للتنقيب عن النفط في السودان مع بعض الدول الأخرى.[151]

كما توددت الهند والصين بقوه لإيران لكونها مصدرا للغاز الطبيعي والنفط، على الرغم من الأزمة متعددة الجنسيات التي تتعلق ببرنامج إيران النووي وانتهاكات حقوق الانسان المستمرة لديها. في الواقع إيران تعتبر ثاني أكبر مزوّد للنفط الخام إلى الهند بعد السعودية. ويقال أن الهند تستورد من إيران ما تبلغ قيمته حوالي 12 مليار دولار سنويا وتشكل حوالي 13% من مجموع وارداتها للنفط الخام.[152] وفي عام 2011، بدا وكأن الهند حاولت أن ترسل رسالة قوية إلى إيران حول نشاطاتها النووية من خلال مقاومة نظام مدفوعات فرضته إيران. وفعلت الهند ذلك بالرغم من مخاوفها بأن الصين ستتدخل وستشتري النفط الإيراني الذي كان سيشحن إلى الهند، مما سيجبر الهند على البحث عن بدائل أعلى كلفة.[153] إلا أن الاندفاع نحو الطاقة ما زال قويا: أعادت الهند وإيران إحياء النقاشات فيما بينها لبناء خط أنابيب نفط استراتيجي بين الدولتين. في المرة الأولى التي ناقشت فيها الدولتان هذا الأمر، كان التفكير في البداية حول مد خط أنابيب عبر باكستان، إلا أنهما تفكران اليوم في مد خط أنابيب في عمق البحر سيمر عبر عُمان بدلا من ذلك. وبسبب التقدم الكبير المحرز في التكنولوجيا الخاصة

بخطوط الأنابيب تحت البحار، يقدر بأن يتم الانتهاء من خط الانابيب هذا خلال ثلاث إلى أربع سنوات. وتبقى العقبة الوحيدة في طريق الهند هي توصل إيران لاتفاقية نووية مع الغرب قد تؤدي إلى رفع العقوبات عليها.[154] في هذه الأثناء، توصلت بكين إلى اتفاق مع إيران بخصوص الغاز الطبيعي المسال والنفط الخام في خريف عام 2004.[155] كما ووقعت اتفاقية غاز طبيعي أخرى بقيمة 3.2 مليار دولار عام 2009.[156] وسعت الصين للتوصل إلى اتفاق طاقة مع روسيا سيوفر لها الغاز والنفط من روسيا، ونجحت جهودها حيث تم التوقيع على اتفاقية غاز بقيمة 440 مليار دولار بين الدولتين في أيار 2014، توفر من خلالها روسيا الغاز عبر الأنابيب إلى شرق الصين لمدة ثلاثين عاما، بالإضافة إلى اتفاقية أخرى بقيمة 284 مليار دولار تم التوصل إليها في تشرين ثاني من نفس العام توفر من خلالها روسيا الغاز عبر الأنابيب الى غرب الصين.[157]

استعمال النفط كسلاح: نمو ثقافة الإفلات من العقوبة

تجد الدول الغنية بالنفط والغاز نفسها في موقف يمكنها من استعمال موارد الطاقة لديها كأسلحة لإجبار الدول المحتاجة إليها على العمل حسب أوامرها، وإلا ستعيق وصول الموارد اليها أو ستزداد التكلفة بشكل هائل. هناك الكثير من الأمثلة على هذا، على سبيل المثال، فرضت إيران إبطاء على حركة ناقلات النفط في معابر حدودية مهمة بين إيران وأفغانستان في أواخر العام 2010 وبداية العام 2011، بالرغم من تأكيد المسؤولين في أفغانستان بأن الوقود سيستخدم حصريا من قبل المدنيين ولن يستخدم من قبل قوى حلف الناتو العسكرية في أفغانستان، وهو ما كان يقلق إيران. أدى هذا الإجراء من قبل إيران إلى ارتفاع كبير في سعر الوقود المكرر في بعض أنحاء أفغانستان. ارتفع سعر النفط بأكثر من 50% في بعض المناطق، مما رفع بدوره سعر البضائع الأساسية مثل الغذاء والنفط المستخدم للتدفئة. وتأثر المزارعون في جنوب الباكستان الذين اعتادوا على مضخات الديزل للري بسبب التباطؤ وأُجبرت بعض محطات البنزين في الطرق الرئيسية على الإغلاق.[158]

ولقد أدت شدة الحاجة لتأمين الوصول إلى موارد النفط والغاز لدى الكثير من الدول إلى فرض الضغوط السياسية غير المناسبة من قبل الدول الغنية بالطاقة والتي وصل بها الأمر إلى اعتماد الرشوة، والابتزاز، والتخويف. أدت هذه الإساءات إلى ما يسمى ثقافة الإفلات من العقوبة لدى بعض الدول الغنية بالنفط والغاز، مما غذى بدوره ثقافة النفعية لدى الدول المعتمدة عليها. ولهذا، تتحمل هذه الدول في بعض الأحيان هذا التخويف لاعتقادها بحسب منظورها المحدود وقصير الأمد بأن ذلك من مصلحتها.

تمثل روسيا بعض أفضل الأمثلة على هذه الإساءات في تعاملاتها مع الدول المحيطة بها والتي كانت أعضاء سابقة في الاتحاد السوفيتي، والتي ما زالت تعتمد بشكل كبير على الواردات من النفط والغاز الطبيعي الروسي ولها علاقات أقرب مع الدول الأوروبية الغربية واقتصاداتها الأكثر حيوية. في أوائل العام 2006 على سبيل المثال، هددت روسيا بوقف الغاز الطبيعي إلى أوكرانيا إذا لم توافق أوكرانيا على الزيادة الكبيرة في السعر التي كانت تطلبها شركة غازبروم الروسية الاحتكارية، وقد حققت روسيا في هذا التهديد. اعتقد بعض المراقبون بأن روسيا تستغل ثروتها من الغاز وقوتها لمعاقبة أوكرانيا على ابتعادها عن سيطرة الكرملين والتوجه نحو الاتحاد الأوروبي وحلف الناتو.[159] ودام وقف الامداد ثلاثة أيام مما أدى إلى مخاوف حول التوريد إلى دول أوروبية واقعة غرباً من أوكرانيا، والتي يصل إليها الغاز الروسي عبر أنابيب تمر من أوكرانيا. وتكرر هذا النمط المسيء في العام 2014، على أثر الاضطرابات الشعبية في أوكرانيا التي أدت إلى الإطاحة بالرئيس يانوكوفتش بسبب تفضيله لروسيا وابتعاده عن العلاقات الوطيدة مع الاتحاد الأوروبي. وبالإضافة إلى احتلال وضم شبه جزيرة القرم ودعم الحركة الانفصالية في شرق أوكرانيا، لجأت روسيا مرة أخرى للضغط الاقتصادي من خلال رفع أسعار الغاز على أوكرانيا.[160] وعلق وزير الخارجية الامريكي جون كيري على هذا السلوك قائلا: "ينبغي ألا تستغل أي دولة الطاقة لوضع عقبات أمام طموح الشعب". وأضاف، "يجب ألا تُستخدم الطاقة كسلاح، فمن مصلحتنا جميعا أن نتمتع جميعنا بموارد الطاقة الكافية والأساسية لاقتصاداتنا، وأمننا، وازدهار شعوبنا".[161]

وبشكل مشابه، هددت روسيا دولة روسيا البيضاء (بيلاروس) في نهاية 2006، حيث طلبت منها دفع ضعف سعر الغاز الطبيعي الذي اعتادت على دفعه.[162] وتوقفت امدادات الغاز الطبيعي لروسيا البيضاء لفترة وجيزة. وبعد التوصل بوقت قصير إلى اتفاق وافقت فيه روسيا البيضاء على ارتفاع في سعر الغاز الطبيعي ، أوقفت روسيا امدادات النفط الخام إلى اوروبا من خلال الأنابيب التي تمر عبر روسيا البيضاء. وأثّر هذا التوقف على الامدادات الموجهة إلى ألمانيا، وبولندا، وسلوفاكيا، وأوكرانيا، وجدد مخاوف أوروبا فيما يتعلق بموثوقية امدادات الطاقة من روسيا.[163]

علق بعض المراقبون بأن تكتيكات روسيا المتبعة فيما يخص الطاقة جعلها "لا تتأثر بالانتقاد الذي كان في السابق يعدل من سلوكها."[164]

واتبعت دول أخرى تهديدات صريحة أكثر في وقف امدادات الطاقة ما لم يغير العملاء سياساتهم. فيقال ان رئيس إيران أجاب بالتهديد على التلميحات التي وُجهت عام 2005 بإحالة برنامج إيران النووي إلى مجلس الأمن في الأمم المتحدة لتشكيله تهديدا للسلام العالمي، حيث قال "إذا أرسلت قضية إيران إلى مجلس الأمن، سنستجيب بعدة طرق، على سبيل المثال، من خلال وقف مبيعات النفط".[165] ومن جهة أخرى، في بداية العام 2006، قال وزير النفط في فنزويلا بأن فنزويلا قد توجه صادراتها من النفط إلى دول غير الولايات المتحدة، والتي كانت في ذلك الوقت تؤمن أكثر من 10% من نفطها من فنزويلا.[166]

قطع إمدادات الطاقة بسبب عدم الاستقرار السياسي

يشكل التهديد بقطع امدادات الطاقة بسبب عدم الاستقرار والاضطرابات السياسية في المناطق المنتجة للطاقة مصدر قلق مستمر. عام 2011، قلق خبراء النفط لأن سوق النفط العالمي يخسر يومياً حوالي 1.3 مليون برميل من النفط نتيجة للحرب الأهلية في ليبيا. وأزال الاضطراب في اليمن وسوريا 300 ألف برميل إضافية يوميا. وأثار الاضراب السياسي في اليمن من مخاوف سيطرة الإرهابيين على الدولة وتهديدهم لمرافق النفط في المملكة العربية السعودية المجاورة، حيث

سيؤدي الاضطراب في دول مثل السعودية أو الجزائر المنتجة للنفط بكميات كبيرة، إلى تصاعد كبير في الأسعار. أما الخوف الآخر فهو أن انهيار النظام في اليمن قد يؤدي إلى اعتماد القراصنة للدولة كقاعدة ينطلقون منها لتهديد خط الشحن المعروف باسم باب المندب، والذي يمر عبره 3.7 مليون برميل نفط يوميا.[167]

عندما تتعرض موارد الطاقة للخطر بسبب عدم الاستقرار السياسي، يعتمد العالم على اتفاق الأوبيك والدول الأخرى المنتجة للنفط مثل روسيا للتدخل وتعويض العجز من خلال انتاج النفط الإضافي، وبهذا تخفيف الضغط على اقتصاد العالم. إلا أن هناك دائما مخاوف بأن تختار هذه الدول المنتجة للنفط عدم انتاج النفط الإضافي للتسبب بارتفاع في سعر النفط الذي مما سيجدي عليها بالمنفعة، على الأقل على المدى القصير. وتشكل الحقيقة أن العالم رهينة لأهواء مجموعة من الدول الغنية بالمصادر مصدر قلق مستمر آخر وتعكس نظام عدم المساواة القائم حاليا في توزيع موارد الطاقة الحيوية.

مصدر النزاعات

يعتبر السعي إلى مصادر النفط والغاز والسيطرة عليها من أهم أسباب النزاعات الحدودية والنزاعات الأخرى بين الدول، بالإضافة إلى النزاعات المحلية داخل الدولة. ومع ازدياد المنافسة على موارد النفط والغاز الطبيعي، ستزداد مخاطر النزاعات،[168] فالتاريخ يزخر بأمثلة على النزاعات الناتجة عن الرغبة بتأمين مصادر النفط والغاز: فقد أدت حاجة اليابان إلى تأمين موارد النفط إلى الاعتداء المصيري على بيرل هاربور. وكانت الرغبة بالسيطرة على نفط الشرق الأوسط عاملا في احتلال الاتحاد السوفيتي لأفغانستان عام 1979. كما أدت رغبة مشابهة إلى احتلال وضم صدام حسين للكويت عام 1990.[169] وتحاربت نيجيريا والكاميرون على شبه جزيرة باكاسي الغنية بالنفط في خليج غينيا لأكثر من عقد من الزمن، حتى قيام الأمم المتحدة بالتوسط و بالسعي بتحقيق اتفاق ألزم نيجيريا بسحب قواتها عام 2006.[170] وأدت النزاعات على النفط داخل نيجيريا،

وهي صاحبة أكبر احتياط نفطي في شبه الصحراء الإفريقية، إلى سفك الدماء دامت عدة سنوات.[171] وفي منطقة الدلتا النيجيرية، تآلفت جماعات المقاومة والميليشيات (التي كانت تتحارب مع بعضها البعض ومع الحكومة الفدرالية بسبب عائدات النفط) عام 2005 لتشكيل حركة تحرير الدلتا النيجيرية، مما أدى إلى قتل ونزوح عشرات الآلاف من سكان القرى ووقف انتاج النفط – وصل في بعض الأحيان إلى 800 ألف برميل يوميا.[172] تمت السيطرة على هذه الثورة عام 2009 نتيجة لبرنامج العفو الذي دفعت بموجبه الحكومة الأموال لمقاتلي الميليشيات مقابل تسليم أسلحتهم. لسوء الحظ، لم تتم معالجة المسببات الرئيسية للنزاع والتي شملت خسارة سبل العيش، مثل الزراعة وصيد الأسماك، نتيجة التلوث وتسرب النفط، وانعدام التنمية الاجتماعية – الاقتصادية، وغياب الحصة الأكبر للسكان المحليين من عائدات النفط، مما أدى إلى مخاوف بعودة النزاع بعد انتهاء فترة العفو مع نهاية العام 2015 .[173]

وفي السودان، كان النفط السبب الرئيسي للحرب الأهلية المطولة بين الشمال الخاضع لسيطرة الحكومة والجنوب الغني بالنفط. وقد موّلت عائدات تصدير النفط التي بلغت مليون دولار يوميا شراء الأسلحة لاستخدامها في الحرب الأهلية. ومنذ حل ذلك الصراع، قامت هذه العائدات بتمويل القتال في منطقة دارفور، والتي تعرف بأنها مصدر رئيسي لاحتياطي النفط غير المستغل بعد، وبتمويل ارتكاب جرائم الإبادة الجماعية. ومع أن الحرب الأهلية بين الشمال والجنوب انتهت بإنشاء دولة جنوب السودان الجديدة عام 2011، إلا ان النزاع حول كيفية مشاركة عائدات النفط يتوهج بين الحين والآخر. ويقع التحدي في حقيقة أن ثلاثة أرباع قدرات انتاج النفط تقع في جنوب السودان، وهي أرض بدون مخرج للبحار وينقصها محطات التكرير. وبالتالي فإن جنوب السدوان تعتمد على محطات التكرير في السودان بالإضافة إلى أنابيبها ومرفأها للوصول إلى أسواق التصدير.[174] كما أن هناك نزاع مستمر حول حدود جديدة بين السودان وجنوب السودان مع محاولة كل طرف ضم المزيد من الأراضي المنتجة للنفط ضمن حدوده. وأدى هذا النزاع إلى القتال والقصف الجوي[175] ووُصف على أنه حرب اقتصادية أكثر من أنه مجرد حرب حدودية.[176]

ولا يقتصر النزاع الناتج عن الرغبة بالسيطرة على النفط على إفريقيا فقط، فكما ذكر سابقا فيما يخص الاعتداءات على الأراضي، أدى السعي وراء ملكية النفط والغاز والوصول إليهم في المياه الإقليمية في بحر شرق الصين إلى أكثر المواجهات توترا بين الصين واليابان، مع احتمال إطلاق حرب في آسيا.[177] ويتعلق النزاع بخمس جزر صغيرة وغير مسكونة، تتألف أساسا من مجموعة من الصخور، تعرف لليابانيين باسم سينكاكو وللصينيين باسم جزر ديايو.[178] تطالب اليابان والصين بالحقوق على 700 كيلومتر مربع من حقل النفط والغاز شونكسياو / شيراكابا الموجود فيما يعرف باسم حوض أوكياناوا تحت بحر شرق الصين.[179] وفي مقاطعة بلوشستان في الباكستان، حاولت الحكومة جاهدة استغلال النفط والغاز والاحتياطات الأخرى من المعادن، ومنها النحاس، في وجه المقاومة المسلحة من قبائل بلوشي المحلية التي تطالب بالمزيد من السيطرة على الموارد الطبيعية المتواجدة في منطقتهم، بالإضافة إلى حصة أكبر من العائدات الناتجة عنها.[180] وفي القوقاز، فاقم تطوير قطاع النفط في أذربيجان مما أدى الى ارتفاع كبير في الدفاع والذي يقال أنه وصل في العام 2013 إلى مليار دولار أكثر من كامل ميزانية دولة أرمينيا المجاورة، مما يصعب من إمكانية تسوية نزاع ناغورنو كارباخ مع أرمينيا، بحسب رأي المنظمة غير الحكومية المعروف كمجموعة الأزمة العالمية.[181] كما وأشعلت النزاعات على المصادر الطبيعية أيضا النزاعات في بورما ومقاطعة باباو في اندونيسيا.[182]

هناك العديد من النزاعات ذات الطبيعة المشابهة في بحر جنوب الصين، منها النزاع على مياه سكاربورو الضحلة بين الصين ودول أخرى مثل فيتنام والفلبين وبروناي وماليزيا وتايوان، حيث أخّرت الصين تسوية المشكلة بسبب رفضها التفاوض على النزاع بشكل جماعي، ورفضها تعيين محكمة دولية للفصل في مطالبتها بأكثر من 80% من بحر جنوب الصين، فيما أصرت الصين على المفاوضات الثنائية مع كل دولة، مما يمنحها سيطرة وسلطة أكبر بسبب اعتماد الدول الأخرى بشكل كبير وغير متوازن على العلاقات الاقتصادية مع الصين.[183]

وحتى القطب الشمالي ليس محصنا من النزاع على الموارد، حيث كانت

هذه الموارد حتى وقت قريب محمية تحت طبقات سميكة من الجليد، إلا أن ذوبان جليد البحار بسبب الاحتباس الحراري كشف عن مناطق غنية بالهيدروكربون والتي يمكن الوصول إليها الآن بسهولة ويمكن حفرها، مما أدى إلى منافسة بين شركات النفط على حقوق التنقيب. ففي خليج بافين، على الساحل الغربي لغرينلاند، رفع كل من الدنماركيين والكنديين أعلامهم على جزيرة هانز غير المسكونة، كما وتتنافس روسيا والولايات المتحدة أيضاً على الحقوق في المنطقة.[184] إضافة إلى هذا، يقدّر بأن الجرف القاري عند شمال شرق غرينلاند وحده قد يحتوي على كميات لاحتياطي النفط والغاز المشابهة للجرف الشمالي في ألاسكا. كما يقدر بأن مخازن النفط والغاز في البحار في القطب الشمالي تشكل حوالي 25% من الموارد غير المستغلة في العالم. وتسعى الدول الشمالية، ومنها الولايات المتحدة وروسيا إلى الوصول إلى هذه المصادر. وتبين البرقيات الدبلوماسية الأمريكية التي نشرها موقع ويكيليكس بأن المسؤولين الأمريكيين يقلقهم بأن السعي وراء هذه الموارد قد يؤدي إلى تدخل عسكري في وقت ما في المستقبل. يُذكر أيضا بأن ملكية القطب الشمالي أصبحت محط نزاع، فكل من روسيا والدنمارك تطالب بمساحة واسعة من البحار حول حافة لومونوسوف رغبة منها في تأمين ثرواتها، والتي تشمل مخازن الغاز الطبيعي.[185] وأدت هذه المطالب إلى انضمام كندا بالمطالبة بالحقوق في المنطقة، وتحاول الدول الثلاث الإثبات بأن هذه الحافة هي عبارة عن امتداد لجرفها القارية.[186]

إحدى المشاكل التي تميز النزاعات ذات الصلة بالموارد هي استغلال العائدات من هذه الموارد لتمويل النزاع بعد نشوبها. مع ذلك، العائدات الكبيرة المتوقعة من الموارد بالنسبة للرابح تردع الأطراف عن وقف القتال. بالإضافة إلى الحرب الأهلية في السودان، من الأمثلة على هذا النوع من النزاعات النزاع بين ثوار الحزب الوطني لاستقلال أنجولا التام والحكومة الأنجولية. فعلى الرغم من تلقي الأطراف الدعم من الولايات المتحدة والاتحاد السوفيتي خلال السنوات الأولى من حرب أنجولا، استمر النزاع فترة طويلة بعد نهاية الحرب الباردة، حيث حصل الثوار على التمويل من الألماس فيما مول النفط الحكومة.[187]

الفساد والفقر

من الآثار السلبية للسعي وراء السيطرة على الموارد الطبيعية واستغلالها، بما في ذلك موارد الطاقة من الفحم والغاز، "العلاقة الوثيقة" التي أشار إليها أحد المراقبين "بين استغلال الموارد الطبيعية وانتشار أنظمة الحكم الفاسدة والاستبدادية."[188] بهذا الصدد، أظهرت الدراسات مرة تلو الأخرى بأن الدول الغنية بالنفط غالبا ما تعاني من الحكومات الدكتاتورية أو غير الممثلة.[189] فالسيطرة على كميات كبيرة ومنتظمة من المال تمنح الحكام الدكتاتوريين الحافز للبقاء في السلطة لمنفعتهم الخاصة، وفي كثير من الأحيان تبقى عائدات استخراج وبيع الموارد سرية إما لأنها غير منشورة أو لأنه من الصعب فهمها أو حل شفرتها من بين القوائم المالية غير الكافية. وينطبق نفس الأمر على المبالغ التي يتم دفعها لأغراض استغلال مثل هذه الموارد مثل العائدات والرسوم والضرائب. كما أن شركات النفط والغاز غالبا ما تخفي هوية مالكي الأسهم والشركات التابعة، مما يسهّل على القادة الفاسدين إخفاء الفساد على شكل الرشوات والاختلاس. ولهذا، فمن غير المفاجئ أن تكون الدول الغنية بالموارد موطناً لأفقر شعوب العالم: إذ تستفيد أقلية صغيرة من موارد الدولة في حين تتجاهل الاحتياجات والرغبات الأساسية للشعب الذي يبقى محاصرا بالفقر.[190]

مثال على ذلك ما حدث في أنجولا، فقبل بضعة سنوات، كانت 90% من عائدات الدولة من النفط، إلا أن ثلثي الشعب لم يتمتع بمياه الشرب النظيفة، وكانت الدولة من أفقر الدول في العالم. وبلغت ميزانية الدولة السنوية 3 – 5 مليار دولار، إلى أن ملياراً منها كان يختفي سنويا. ومع أن خبراء الاقتصاد قالوا بأن الحكومة كانت تملك مالاً أكثر مما يمكن انفاقه، سبب الفساد وعدم الكفاءة واشتعال الحرب الأهلية في أنجولا صعوبات في مواجهة الحكومة لأهم القضايا مثل غياب المياه النظيفة والصرف الصحي، مما أدى إلى المرض والوفاة.[191] لسوء الحظ، وعلى الرغم من جهود تصحيح الوضع القائم، أشارت التقارير الأخيرة إلى عدم إحراز الكثير من التقدم. في العام 2012، كان نصف السكان فقط قادر على الوصول إلى المياه الآمنة، وفي المناطق الريفية، انخفض هذا الرقم

إلى 38%.[192] ومع أن عائدات النفط اليوم تشكل 80% من عائدات الدولة، إلا أن 40% فقط من السكان يتمتعون بالكهرباء، مما يعني أن باقي الشعب يعتمد على الحطب، والفحم، والروث، وبقايا المحاصيل لتلبية احتياجاتهم للطهي والتدفئة.[193]

مثال آخر هو ما يحدث في تشاد، حيث اكتشف النفط في الستينيات من القرن الماضي. ومن خلال تمويل البنك الدولي، بدأ النفط أخيرا بالتدفق عبر خط أنابيب تشاد-الكاميرون عام 2003. وللمنع من ظاهرة "لعنة الموارد" أو "مفارقة الوفرة" (والتي تشير إلى المفارقة بأن الدول الغنية بالموارد الطبيعية، وخصوصا غير المتجددة منها مثل النفط والغاز والمعادن، غالبا ما يكون حالها أسوأ فيما يتعلق بالتنمية والنمو الاقتصادي مقارنة بالدول ذات الموارد الأقل، غالبا بسبب إساءة إدارة العوائد أو تحويل الأموال إلى جيوب المسؤولين الفاسدين)، أصر البنك الدولي على لجنة إشراف مستقلة توجيه نسبة كبيرة من عائدات النفط لأغراض القضاء على الفقر والتعليم والتنمية الاقتصادية على شكل صندوق للأجيال القادمة من سكان تشاد. إلا أنه بعد أن بدأ النفط بالتدفق، أعلنت حكومة تشاد فجأة بأنها ستضخ المزيد من الأموال في ميزانيتها العامة، متجاهلة لجنة الإشراف، وبأنها ستزيد من إنفاقها على الأمن. ووجدت مراجعة حكومية قامت بها حكومة الولايات المتحدة في أول ستة أشهر من المشروع بأن 60% من مبلغ 25 مليون دولار على شكل "منحة توقيع" منحت للحكومة من شركة أيكسون موبيل وشركاها، قد أنفق بالفعل "خارج إجراءات الميزانية القائمة" والتي إرساها البنك الدولي كشرط لاستعداده لإقراض حكومة تشاد المال الذي تحتاج إليه لبناء خط الأنابيب تحت الأرض عبر الكاميرون لتصدير النفط. واستخلصت هذه المراجعة بأن "الحوكمة في تشاد تضعف في حين يزداد النزاع المدني وخطورة المجاعة، ويبدو أن الانتخابات البرلمانية قد تأجلت."[194] وبعد ثماني من سنوات من موافقة البنك الدولي على المساهمة في تمويل خط أنابيب النفط، انتهى المشروع بالفشل: ففي أيلول 2008، سددت تشاد القرض للبنك الدولي، بعد أن فشلت في استغلال عائدات النفط لأغراض القضاء على الفقر والتخفيف من معاناة الشعب الاقتصادية.[195]

ولا ينحصر الفساد على إفريقيا فحسب. فعلى سبيل المثال، الاكوادور غنية

بالنفط إلا أنها من أكثر الدول فسادا في العالم، بعد أن تم تدريجها بالمرتبة رقم 102 من أصل 177 دولة في مؤشر منظمة الشفافية الدولية في مجال الفساد عام 2013. [196] وفي كازاخستان، والتي تبلغ عائدات النفط فيها مليارات الدولارات، لم تعالج الجهود الأخيرة للقضاء على الفساد إلا القليل جداً. [197] ويقال الآن بأن الفساد في كازاخستان تحوّل من مشكلة إلى منهجية. [198]

الطمع والاستفادة من مصائب الآخرين لجني الأرباح

إحدى المشاكل التي يعاني نظام الطاقة الحالي منها هي عدم تردد الدول الغنية بموارد الطاقة من الاستفادة من مصائب الآخرين لجني الأموال واكتساب القوة السياسية، وتركيزها فقط على مصالحها الوطنية الذاتية، وتوسيع تأثيرها الجيو-سياسي وربحية هذا العمل. ومن الأمثلة على هذا روسيا، التي تنافس السعودية، العضو في مجموعة أوبيك المنتجة للنفط (التي لم تنضم إليها روسيا)، لتكون الدولة الأولى في انتاج النفط. وبالفعل، تعتبر روسيا الدولة الأولى في العالم المصدرة للنفط إذا أخذنا بعين الاعتبار النفط والغاز الطبيعي معا. وعلى العكس من السعودية، التي امتنعت بشكل عام عن استعمال قدرات انتاج النفط الأكبر لديها ومخازنها الأكبر بكثير، يبدو بأن روسيا مهتمة بجني أكثر ما هو ممكن من عائدات النفط والغاز، دون إبداء أي اهتمام بالاستثمار في قدرات احتياطية. [199]

التدخل في النمو الاقتصادي

يؤدي الاعتماد الزائد على العائدات من استخراج موارد النفط والغاز، بشكل متناقض، إلى تباطؤ النمو الاقتصادي في الدولة، وتعرف الظاهرة باسم "المرض الهولندي" بسبب الانهيار الاقتصادي الذي عانت منه هولندا في الخمسينيات وأوائل الستينيات بعد اكتشاف النفط على ساحل هولندا. [200] عندما بدأ نفط بحر الشمال بالتدفق إلى أراضي النرويج، بدأت أعراض هذا المرض تظهر على الاقتصاد النرويجي أيضا، إلا أن الحكومة النرويجية تمكنت من عكس هذا الواقع من خلال إخراج عائدات النفط من الاقتصاد الرئيسي ووضعها في صندوق

للمستقبل. يصعب تحقيق مثل هذا الأمر بشكل عام لأنه يتطلب الكثير من الانضباط والحكم الرشيد والشفافية السياسية والاقتصادية.

النقص في المعلومات الشفافة

يشتهر قطاع النفط بالنقص في الشفافية، الأمر الذي أدى إلى الكثير من المشاكل. لقد سلط وزير النفط السعودي علي النعيمي الضوء على هذه المشكلة في حديثه عام 2005، حيث قال أنه أكبر المشاكل التي تواجه قطاع النفط هي "غياب المعلومات الدقيقة والواضحة ... خصوصا في المواضيع الأساسية مثل العرض والطلب والإنتاج والمخزون."[201] بالرغم من بعض المحاولات لمعالجة هذه المشكلة، كما تبين من اجتماع الوزراء من الدول المستهلكة والمحتاجة للطاقة مع أكبر المنتجين في العالم في تشرين ثاني عام 2005 لافتتاح منتدى طاقة عالمي جديد وإطلاق قاعدة بيانات للمعلومات قدمتها أهم الدول المنتجة والمستهلكة للنفط في العالم، إلا أن النظام الجديد يعاني من خلل أساسية: يعتمد هذا النظام على المعلومات المقدمة طوعيا ولا يقدم المعلومات السريعة والكافية للحكومات التي قد تمكنها من التفاوض والاتفاق على سياسية طاقة طويلة الأمد. ولهذا، بقيت أسعار النفط متقلبة مما أدى إلى تكاليف غير متوقعة بالنسبة للمستهلكين وعائدات لا يمكن التنبؤ بها بالنسبة للمنتجين. وقرر رؤساء الدول وقادة القطاع في قمة الثمانية في إيطاليا عام 2009 بأن هناك حاجة للمزيد من العمل لتصبح العملية أكثر شفافية، حيث أشاروا إلى الحاجة لإيجاد نظام يوفر المزيد من المعلومات الدقيقة والسريعة حول حالة العرض والطلب العالمي، ويشمل هذا المعلومات حول الجرد، والمخزون، وقدرات الإنتاج.[202] يمكن أن نرى كيف يمكن للبنية التحتية الفدرالية العالمية المقترحة في هذا الكتاب أن تساعد: فضمن النظام، يمكن تخيل مزايا إنشاء وكالة للبرلمان العالمي، يناط بها مهام الرصد المنظم وجمع البيانات حول مصادر الطاقة حول العالم وتوفيرها بالوقت المناسب للمجتمع الدولي ككل.

التلوث البيئي والضرر على الصحة والسلامة

أدت قلة المعايير المشتركة لاستخراج الوقود الاحفوري في كثير من الأحيان إلى الأضرار البيئية الكبيرة والمخاطر الصحية. على سبيل المثال، اشتكى المجتمع المحلي في دلتا النيجر منذ زمن بعيد بأن النفط الذي يتسرب من خطوط النفط القديمة والمتهالكة قد دمر الزراعة وصيد السمك في المنطقة.[203] بعد التحقيق بهذه الشكاوى، وجد برنامج الأمم المتحدة البيئي بأن هذا التسرب قد حصل بالفعل على مدى خمسين عاما من العمليات النفطية وتلوث الأرض والهواء والمياه في المنطقة، وأن عمليات تنظيف التلوث ستكلف مليار دولار.[204] بعد مرور ثلاث سنوات من تقرير البرنامج، حتى صيف عام 2014، تحدث الاعلام ومنظمات غير حكومية عن قلة العمل على تنظيف تلوث النفط في دلتا النيجر، على الرغم من تلوث مياه الشرب بشكل خطير في عدد من المجتمعات، حيث وصلت المواد المسرطنة إلى 900 مرة أعلى من القواعد الإرشادية التي حددتها منظمة الصحة العالمية.[205] تعلمت مؤخرا بعض حكومات إفريقيا، ومنها النيجر والغابون وتشاد، من الدروس الصعبة بعد تلوث بيئاتها من قبل قوى خارجية سيطرت على مواردها، وبدأت أخيرا بتحدي شركات النفط المملوكة للصين والعاملة في مناطقها، حيث أصرت على مراجعة الصفقات التي وقعتها الحكومات السابقة لتجنب المشاكل الناتجة عن الإهمال البيئي الخطير. من الأمثلة على هذا إغلاق العمليات الصينية في آب عام 2013 من قبل وزير النفط في تشاد بعد اكتشاف إلقاءهم للنفط الخام الفائض في خنادق مفتوحة جنوب العاصمة ومن ثم إجبار سكان تشاد المحليين على إزالته بدون أي شكل من أشكال الحماية. وأظهر المسؤولون الأفارقة المزيد من الرغبة بالمقاومة، حتى بعد أن علموا بمخاطر إثارة غضب شريك تجاري مهم جدا، كما أوضح وزير النفط في النيجر، فوماكوي غادو، "هذا كل ما لدينا"، مضيفا "إذا منحنا مواردنا الطبيعية، لن نخرج من هذه المشكلة أبدا."[206]

وفي جنوب أمريكا، يحذر علماء البيئة بأن البرازيل ستواجه أضرارا واسعة النطاق على بيئتها، ومنها المزيد من إزالة الغابات، إذا استمرت بخططها

لبناء سلسلة من الأنابيب للوصول إلى مخازن النفط والغاز الكبيرة التي اكتُشفت في الأمازون، وهي الطاقة التي تحتاج إليها البرازيل للحفاظ على استمرارية اقتصادها.[207]

كما تواجه الدول المتقدمة أيضا مخاطر الضرر البيئي. في كانون ثاني 2013، أطلق باحثون كنديون دراسة تدعي بأن مستويات المركّبات المسببة للسرطان في البحيرات المحيطة بالرمال النفطية في ألبرتا ارتفعت بسبب تطويرها، حيث يسمح التنقيب المفتوح المرتبط بإنتاج الرمال النفطية بإطلاق المواد الكيماوية في الهواء، في حين أن المحسنات التي تفصل القار عن الرمال المحيطة به تطلق الهيدروكربونات العطرية متعددة الحلقات والتي ينتهي بها الأمر مع الكيماويات الأخرى في المسطحات المائية مع التيار.[208]

أما السبب الآخر للقلق في العالم المتقدم فهو زيادة استخدام "التكسير" كوسيلة لاستخراج الغاز الطبيعي، والذي ينطوي على حفر الآبار الأفقية واستعمال المياه والرمال والكيماويات بضخ قوي لتكسير تشكيلات الصخر الزيتي، لإطلاق الغاز في الداخل. ويقلق النقاد بأن الكيماويات المستخدمة في التكسير قد تلوث المياه الجوفية بالخطأ، أثناء ضخ الكيماويات في الأرض بدون اعتبار لأي أضرار ثانوية قد تؤثر على البيئة والصحة البشرية.[209] كما أن الغاز الناتج عن التسكير قد يصل أيضا إلى مياه الشرب، مما يلوث المياه أكثر.[210] إضافة إلى هذا، يستهلك التكسير كميات كبيرة من المياه، مما يؤدي إلى ضياع موارد مهمة. هناك أيضا بعض الأدلة التي تشير إلى زيادة التكسير من احتمال حدوث الهزات الأرضية.[211] من المتوقع أن ترتفع نسبة الغاز الطبيعي الأمريكي من الصخر الزيتي من 14 بالمائة عام 2011 إلى 46 بالمائة عام 2035، ولهذا أصبح من المهم التعامل مع هذه المخاوف بجدية. وقد أدت هذه المخاوف إلى تأخير أو منع التكسير تماما في الكثير من المناطق وحتى بعض الدول في أوروبا.

كما أضحى التنقيب عن النفط في البحار سببا في المزيد من الأضرار البيئية، مع حاجة شركات النفط إلى التنقيب في مناطق أبعد عن الشواطىء و في المياه الأعمق بحثا عن النفط. على سبيل المثال، يعتبر حقل "الكامنة تحت طبقات الملح" الذي تعمل عليه البرازيل عميق جدا، ويتطلب الحفر ضغطاً اكبر

يصل إلى ثلاث مرات الضغط الطبيعي للنفط في البحار، مما يزيد من إمكانية الحوادث وتسريب النفط بكميات كبيرة، بالإضافة إلى أن بعض الكيماويات في النفط المستخرج تتسبب بالتآكل ويمكن أن تتسبب بالضرر على البيئة.[212]

كشفت الكارثة التي نتجت عن انفجار على منصة للنفط في ديبواتر هورايزون التي تديرها شركة BP في خليج المكسيك في نيسان / أبريل 2010 عن مخاطر التنقيب عن النفط في البحار و جلبت انتباه الجمهور. واعتبرت الكارثة أكبر حادثة تسريب نفط بحري في تاريخ قطاع النفط، حيث قدرت الحكومة الأمريكية بأن حوالي 5 مليون برميل نفط (ما يقارب 800 مليون لتر) أطلقت في المحيط. وأدى التسريب والتنظيف إلى أضرار كبيرة في البيئات البحرية و موائل الحياة البرية، من الأراضي الرطبة إلى مصبات الأنهار، ومن الصيد السمك التجاري إلى قطاعات السياحة في الخليج الشمالي. واستنتجت هيئة البيت الأبيض أن التسريب نتج عن أسباب جذرية "نظامية" و"أنها قد تتكرر خاصة في غياب الإصلاحات الكبيرة في ممارسات القطاع وسياسات الحكومة."[213]

ومع أن الضرر البيئي الناتج عن استخراج موارد الطاقة كبير، إلا أن الضرر الأكبر ناتج عن حرق البشرية المستهتر للوقود الأحفوري في وقت تتسبب به غازات الدفيئة المركزة بالاحتباس الحراري غير المسبوق وسلسلة من التبعات الكارثية المتزايدة. في هذا السياق، لا يعتبر الاعتماد على حرق الفحم، والغاز الطبيعي، والنفط لتأمين 80% من موارد الطاقة غير مستدام فحسب، وإنما ضرب من الجنون.[214]

أسعار الطاقة غير المستقرة والمتقلبة

تعد المحافظة على استقرار أسعار الطاقة عاملا مهما في المحافظة على الاستقرار الاقتصادي والسياسي داخل الدول وفي الاقتصاد الدولي ككل، فكل ارتفاع كبير في أسعار النفط الخام يؤخر من النمو الاقتصادي العالمي. عام 2008، وكرس وزراء المالية في مجموعة الدول الصناعية الثمانية وقتاً كبيراً

من اجتماعهم الذي استغرق يومين للحديث عن ارتفاع أسعار النفط والذي ادّى بدوره إلى احتجاجات شعبية حول العالم. وأشار بيانهم الختامي إلى أن أسعار النفط الأعلى والبضائع الأخرى تهدد الاقتصاد العالمي في وقت يعتبر فيه الاقتصاد ضعيفا جراء انهيار سوق الإسكان في الولايات المتحدة.[215] يبدو أن لأسعار النفط الخام أثر سلبي خاص على الاقتصادات الضعيفة. ولقد لخصت مجلة الايكونوميست الأمر جيدا بالجملة التالية: "بعض التوجهات تلقي بظلالها على الاقتصاد والساسة مثل الارتفاع في سعر البترول."[216] في الواقع، يقول الخبراء بأن أسعار النفط الخام المرتفعة تؤثر على المستهلكين بالإضافة إلى تأثيرها على شركات النفط والمنتجين له.[217] كما أن التقلب يتسبب بالمشاكل لأنه يفاقم من اتخاذ الدول التي تحتاج إلى استيراد كميات كبيرة من النفط لاتخاذ أي إجراء لازم لتأمين الوصول إلى احتياطي النفط. ومع أن سعر النفط في شهر تشرين ثاني 2014 في أهم اتفاقيتين لتحديد أسعار النفط في العالم انخفض إلى حوالي 83 دولار للنفط الخام الخفيف في برنت و78 دولار في غرب تكساس، إلا أن مشكلة النفط والغاز هي ارتفاع وانخفاض الأسعار بشكل لا يمكن التنبؤ به لاعتماده على الكثير من العوامل التي لا يمكن ضبطها، منها أمن واستقرار الدول والمناطق المنتجة للنفط، وارتفاع وانخفاض الطلب، والمضاربة المالية.

الاتحاد العالمي هو المفتاح لحلّ مشكلة التغير المناخي وتلبية مطالب الطاقة المتزايدة

وقف الارتفاع غير المسبوق في درجات الحرارة العالمية، وبذلك تجنب الكوارث العالمية واسعة النطاق، بالتزامن مع ضمان وصول الجميع إلى كميات كافية من الطاقة لتلبية احتياجاتهم الشرعية، هما تحديين عالميين وبالتالي يتطلبان حلا جماعيا. اتبعت البشرية عدة طرق لحل هذه المشاكل، إلا أنها فشلت. يقع الحل الفعال الوحيد الآن في تطبيق المبادئ التأسيسية المقترحة في هذا الكتاب كأدوات لبناء حكومة اتحاد فدرالي عالمي تمثل بحق شعوب العالم وتتخذ القرارات بالمصلحة الجماعية للبشرية.

فالتغير المناخي وتلبية متطلبات الطاقة المتزايدة لسكان العالم الذين يتسمون بالنمو والتقدم الاقتصادي تشكل تحديات عالمية تبين التبعات الضارة للتمسك بعاداتنا القديمة. إن الإصرار على حرق كميات متزايدة من الوقود الأحفوري على الرغم من جميع تحذيرات العلماء بأن هذا الحرق يجذب الكوارث يشبه مقاومة المراهقين للنصيحة السلمية خلال المراحل النهائية من المراهقة. لسوء الحظ، يبدوا أننا مصرين على إطالة فترة المراهقة الجماعية ولكن على أسرتنا البشرية النضوج قبل أن تتسبب بالضرر الذي لا يمكن عكسه.

لقد حان وقت التخلي عن اعتمادنا على نظام انتاج وتوزيع الطاقة المبني على المنافسة وعدم المساواة والفساد والنفعية، واستبداله بنظام عادل وفعال يضمن وصول جميع الدول إلى الطاقة الكافية التي تلبي احتياجات شعوبها. ويمكن أن نحقق هذا من خلال تجميع موارد الطاقة الموجودة لدينا جميعا وذلك تحت سيطرة المجلس التشريعي العالمي الذي سينظم انتاج وتوزيع الطاقة النظيفة لتلبية الاحتياجات الشرعية للجميع. ويكون هيكل المجلس التشريعي منظم بطريقة تضمن التمثيل العادل للمصالح الجماعية للبشرية ويتخذ القرارات العادلة ويجمعها للمنفعة الجماعية لجميع الدول. وسيعكس هيكل المجلس التشريعي والقواعد التي تحكم عمله، ومنها عمليات اتخاذ القرار، مبادئ وحدة الدول والمعاملة العادلة لجميع الدول والاعتراف بحاجة الدول للتخلي عن جزء من سيادتها حتى يتسنى أخذ القرارات للمصلحة الجماعية، وبهذا يتم ضمان مصلحة كل دولة.

الرد على مخاوف المشككين

سيكون هناك بالتأكيد المشككين الذي سيدعون بأن الدول لن تتفق أبدا على مبادئ تأسيسية لتشكيل اتحاد فدرالي عالمي أو على حكومة فدرالية عالمية تتطلب التخلي ولو عن ذرة من السيادة. تمنحنا التجارب التاريخية المشار إليها في الفصول السابقة فيما يخص الاتحاد الأمريكي والجماعة الأوروبية للفحم والصلب، وهي المؤسسة التي تطورت اليوم لتصبح الاتحاد الأوروبي، إجابات قوية لإقناعهم. فقد عادت المغامرة التي خاضتها 13 ولاية كونفدرالية لتشكيل الاتحاد الأمريكي بالمنفعة الجماعية عليهم، كما هو مبين في النمو الاقتصادي والقوة العسكرية والاجتماعية للولايات المتحدة على مدى أكثر من قرنين من الزمن. كما أن الخطوة الجريئة والشجاعة التي اتخذتها فرنسا وألمانيا على وجه الخصوص، في إنشاء الجماعة الأوروبية للفحم والصلب، على الرغم من تاريخ العداء الطويل بينهما، أدت إلى السلام الدائم أخيرا في أوروبا الغربية ووضعها على طريق الادماج التدريجي الذي أدى بدوره إلى تطور الاتحاد الأوروبي كما نعرفه اليوم، مع جميع المزايا الاقتصادية والاجتماعية التي حظيت بها الدول الأعضاء.

أما لمن يدّعي بأن إقناع جميع الدول على الاتفاق على مبادئ تأسيسية جديدة للعلاقات الدولية هو امر مستحيل، فيمكننا الإجابة على ذلك، مرة أخرى، بأن هذا الأمر ليس مجرد احتمال نظري أو رغبة، إلا أنه تغيّر دراماتيكي تم تحقيقه بالفعل، كما شهدنا في أيلول 2005، وبعد عدد قليل من سنوات الجهود المركزة، عندما اجتمع قادة الدول في القمة العالمية في نيويورك للاحتفال بالقرن الجديد والمصادقة على المبدأ الدولي الجديد المسمى "مسؤولية الحماية".[218]

وقد ظهر مبدأ مسؤولية الحماية في عام 2001، عندما عينت الحكومة الكندية هيئة دولية حول التدخل وحول سيادة الدول لدراسة سبل جديدة لمعالجة

المشكلة المعقدة التي تظهر عندما يعاني شعب دولة ما من انتهاكات حقوق الإنسان على يد حكومتهم إما بسبب عدم قدرتها على حمايتهم أو بسبب عدم استعدادها لذلك. وبدأت الهيئة بحذر بدراسة اللغة المستخدمة في الحوار، حيث تجنبت اللغة المثيرة للجدل مثل "الحق في التدخل" والتي استخدمت سابقا إلا أنها أدت إلى ردة سلبية قوية بسبب ارتباطها بالمطامح الاستعمارية ومحاولات التدخل بالحقوق المتضمنة في مفهوم سيادة الدولة. فبدلا من ذلك، تبنت الهيئة لغة جديدة للتعبير عن "مسؤولية الحماية" حيث يكون المجتمع الدولي المسؤول النهائي عن حماية الأشخاص الذين يعانون من الضرر الخطير والذي لا يمكن إصلاحه، مثل الخسائر البشرية على نطاق واسع وانتهاكات حقوق الإنسان الخطيرة، والذين هم في حاجة ماسة للحماية، إذا لم تتمكن أو لم ترغب حكومتهم بحمايتهم. وعرضت الهيئة هذا المبدأ الجديد على أنه مبدأ يمكن الاجماع عليه من قبل المجتمع الدولي.[219] ومن خلال اعتماد اللغة الجديدة، أثارت الهيئة المشاعر البشرية النبيلة الخاصة بالمسؤولية والحماية، ودعت الحكومات والقادة إلى إعادة التفكير بمواقفهم السابقة كدول أفراد وكأعضاء في مجتمع الدول.

منذ صياغة هذا المبدأ لأول مرة في تقرير الهيئة، اعتمدت اللجنة العليا في الأمم المتحدة حول التهديدات والتحديات والتغيير مبدأ "مسؤولية الحماية" وأقرت في تقريرها بأن أعضاءها يرون بذلك "قاعدة ناشئة تدل على وجود مسؤولية جماعية للحماية"[220]، كما واعتمد هذا المبدأ أيضا أمين عام الأمم المتحدة في تقرير المتابعة الخاص به.[221] وكان الأمين العام واضحا جدا حيال المسؤولية الأولى التي تتطلع بها الدول الأفراد في حماية سكانها، وإذا كانت غير راغبة أو غير قادرة على ذلك، تنتقل عندها المسؤولية إلى المجتمع الدولي للتصرف بواسطة جميع الوسائل اللازمة، ومنها إجراءات الإنفاذ إن دعت الحاجة. والأهم بالنسبة لأهدافنا، أنه قد تم اعتماد هذا المبدأ الجديد من قبل جميع قادة العالم في القمة الدولية التي نظمت في بداية القرن الواحد والعشرين في مدينة نيويورك في أيلول 2005.[222]

الأمر الأكثر عجباً هو أن مبدأ مسؤولية الحماية تحول خلال خمس سنوات فقط من ولادته كفكرة إلى قبوله عالميا. لماذا علينا إذا أن نؤمن بأن المجتمع

الدولي غير قادر على تبني مجموعة من المبادئ العالمية مثل تلك المقترحة في القسم السابق من هذا الكتاب؟ يمكن للمسار الذي رسمته هذه الهيئة لتحقيق هذه النتيجة المتميزة أن يشسل خارطة طريق مفيدة لقادة العالم حول كيفية تحقيق هذا الهدف بنجاح. وتشمل إحدى خصائص خارطة الطريق هذه إيجاد وسائل خلاقة و غير مهددة لتأطير النقاش والتوصل إلى صياغة مبادئ يمكن للجميع قبولها بدون تحفظ أو خوف. أما الخاصية الأخرى فهي اتباع العملية التي تبنتها الهيئة ومساعدتها في السفر إلى كل دولة والتواصل بشكل فعال مع القادة المحليين من خلال الحوار المباشر حول المبدأ المقترح، ومشاركة أسباب الاقتراح والأهداف والأغراض المرجوة، وإقناعهم بواسطة الحجج المنطقية بأن تبني مبدأ مسؤولية الحماية سيخدم مصالح الدول الفضلى والمصالح الجماعية للبشرية.

الختام – التصرف بسرعة لتجنب الآثار الضارة

من الجلي بأن العالم يقارع عواصف الأزمات الحادة ومن بينها الأزمة المالية العالمية التي أثرت بالفعل على النمو الاقتصادي حول العالم والتي من المرجح أنها تستمر على المدى المنظور، الأزمة البيئية المتجسدة في الاحتباس الحراري والتغير المناخي، وأزمة طاقة، وأزمات الغذاء والمياه الوشيكة، وأزمة عدم وجود أمان دولي والتي تندرج ضمنها عدة تحديات كانتشار الأسلحة النووية، وانتهاكات حقوق الإنسان وأعمال الإرهاب، وزيادة النزاعات الدولية والمحلية التي تتسبب نتيجتا من الأزمات الأخرى.

هذه الأزمات حقيقية وتتطلب منا العمل بسرعة لحلها قبل أن تتسبب تبعات الكسل إلى المعاناة المفرطة. ولكن علينا العمل بطرق مفيدة وغير مؤذية.

ومع ازدياد التصرفات "المراهقة" والمتقلبة للعالم اليوم، والتي تؤدي إلى التحديات العالمية المتزايدة، والمعاناة في حلها، نرى ظاهرة مثيرة للقلق تتكرر بصورة متصاعدة في العديد من أنحاء العالم. الكثيرون من الناس يبحثون عن الاستقلال السياسي والحق في تحديد المصير كاستجابة للتبعات المحلية للتحديات العالمية ولعدم رضاهم عن استجابات اتحاداتهم السياسية الوطنية لها. وبالتالي، ينفصلون معتقدين أن هذا سيمنحهم المزيد من السيطرة على مصيرهم وسيحميهم من الغرق مع سفن المجتمعات الأكبر الآخذة في الغرق. إلا أن هذه الأفعال لا تفشل في حل المشاكل فحسب، وإنما تتسبب بالضرر أيضا. فمن ناحية، تتطلب الطبيعة العالمية لهذه الأزمات الحلول العالمية، والتي لا يمكن تأمينها عندما تتجزأ البشرية، ومن ناحية أخرى، يتسبب تقسيم المجتمعات إلى وحدات أصغر وأصغر إلى انعدام الوحدة وإلى النزاع ما بين الشعوب والأمم، مما يفاقم من المشاكل الموجودة أو يؤدي إلى مشاكل جديدة. الاستمرار على هذا الطريق سيعكس الكثير من التقدم الذي أحرزته البشرية في بناء دوائر متحدة المركز من الولاء والاندماج

المتناغمة مع بعضها البعض. الاستمرار على هذا الطريق سيرجعنا إلى الوراء وسيعيدنا في النهاية إلى زمن القبائل. لهذا، علينا أن نركز جهودنا على عكس هذا المسار وعلى إعادة البشرية على طريق المزيد من الاندماج بدلا من التجزئة.

بالنظر إلى أوروبا على سبيل المثال، نرى عدداً متزايداً من الحركات المتجهة نحو الانفصال، كما في حالة رغبة شعوب فلاندرز في المزيد من الاستقلالية،[223] على الرغم من منح المزيد من السلطات للمنطقة من قبل الحكومة المركزية في بروكسل على مدى السنوات؛[224] وفي حركة الكاتالانيين لكسب الاستقلال من اسبانيا والتي أدت إلى القيام باستفتاء رمزي للانفصال في تشرين ثاني 2014 بالرغم من إعلان محكمة اسبانيا العليا بأن هذا الاستفتاء غير دستوري؛[225] وفي سعي أجزاء من اسكتلندا للانفصال عن المملكة المتحدة الذي أدى إلى القيام باستفتاء حول الاستقلال في أيلول 2014. ومع أن الشعب الاسكتلندي الذي خرج بأرقام غير مسبوقة للتصويت (97% من السكان) قرر في النهاية البقاء ضمن المملكة المتحدة، إلا أن 45% من السكان صوتوا للانفصال.[226] وربما الأهم في كل هذا كان انتظار العالم لنتائج التصويت، الأمر الذي يعكس مخاوف الآثار الاقتصادية ضمن أوروبا والوعي بأن انفصال اسكتلندا سيقوّي من الحركات الانفصالية الأخرى. ربما كانت جزر أوركني وشتلاند ستقرر الانفصال على اسكتلندا والبقاء ضمن المملكة المتحدة.[227] كما وربما سيحث ذلك بالويلز وسكان شمال أيرلندا بالمطالبة بالانفصال عن المملكة المتحدة. وأكثر من ذلك، كان الخوف أن مغادرة اسكتلندا للمملكة المتحدة، سيكون خسارة المملكة المتحدة لمناصر قوي للاتحاد الأوروبي ضمن سكانها وبهذا ستزداد احتمالية انفصال المملكة المتحدة عن الاتحاد الأوروبي، النتيجة التي يعتقد الكثيرون أنها غير مفيدة للاتحاد الأوروبي والمملكة المتحدة على حد سواء.

يبدو أن هناك عاملان مهمان للسعي وراء الانفصال في هذه الحالات، الأول هو الشعور بالامتعاض الذي يشعر به سكان المناطق الغنية إلى حد ما مقارنة بما تبقى من السكان، والذين يؤمنون بأنهم يعملون بجد وكدّ أكثر من أبناء بلدهم وأنهم مُستَغلّين حيث يقومون بدعم زملاءهم الأفقر أو الأكسل. وهم يكرهون دفع الضرائب أكثر، وفي بعض الحالات، مشاركة الدخل من مواردهم

الطبيعية وتحمل نسبة أكبر من دين الدول التي يتبعون لها.

أما العامل الثاني فهو الرغبة القوية من جانب الأشخاص الأكثر تأثرا بقرارات الحكومات الوطنية المركزية باتخاذ المزيد من القرارات بأنفسهم بدلا من اتخاذها بحسب وجهة نظرهم من قبل مؤسسات بعيدة غير متصلة باحتياجات المناطق المحلية أو الأقليات وتقوم تطبيق السياسات الموحدة بدون أخذ الفروقات الإقليمية المهمة بعين الاعتبار. وتقع في صلب هذه الرغبة بالمزيد من الاستقلالية، الرغبة بالمحافظة على التنوع الثقافي والتقاليد، بما في ذلك المحافظة على اللغات المحلية في المدارس وتقدير اهميتها.

في المحصلة، يبدو أن أساس مبررات الانفصال هو الرغبة الحقيقية والشرعية من جانب الشعوب بالتعبير المعقول عن أنفسهم في تحديد مصيرهم. وقد يفسر هذا الاستنتاج سبب تصويت شعب اسكتلندا في النهاية للبقاء ضمن المملكة المتحدة على الرغم من نتائج الاستطلاعات الرأي الأولية قبل الاستفتاء التي أشارت إلى أن النتيجة قد تكون في الاتجاه العاكس. ففي المحاولة الأخيرة لإقناع شعب اسكتلندا على البقاء ضمن المملكة المتحدة، وعدت أهم ثلاثة أحزاب في برلمان ويستمنستر (المملكة المتحدة) الشعب الاسكتلندي بالمزيد من الاستقلالية فيما يتعلق بالضرائب والانفاق العام، والمزيد من السيطرة على معدلات الرفاه.228 وقد يكون هذا الوعد، الذي قد ينذر "بمملكة متحدة أكثر مرونة وفدرالية،"229 هو ما أنقذ الاتحاد البالغ من العمر 307 أعوام.

تتكرر فكرة السعي وراء الحق في تقرير المصير في زمننا الحالي ونراها بوضوح في العديد من أنحاء العالم، وليس فقط في أوروبا، فهي ما تحفز الأكراد على المطالبة بالاستقلال داخل تركيا والعراق، وهي ما قاد مواطني شبه جزيرة القرم للانفصال عن أوكرانيا،230 وشعب جنوب السودان للانفصال عن السودان وإنشاء دولتهم المستقلة الخاصة بهم عام 2011، وشعب اريتريا للانفصال عن الحبشة و انشاء دولتهم المستقلة الخاصة بهم عام 1993. 231 كما أدت هذه الرغبة نفسها إلى مشاركة سكان هونغ كونغ في مظاهرات واسعة النطاق ومستدامة للمطالبة بالحرية لانتخاب حكومتهم الخاصة بدون تدخل السلطة المركزية في بكين. كما أنها ما تحفز القوميين في إقليم التبت وتايوان للمطالبة بالانفصال عن

الصين.

في عالم يبدو أن التجزئة فيه هي التوجه السائد، ينبغي طرح السؤال المركزي، وهو هل ستبتعد الحكومة العالمية الفدرالية ذات المؤسسات المركزية أكثر عن الشعوب، وتتصرف بطريقة غير عادلة أو ظالمة، وبالتالي تؤدي إلى المزيد من الحركات المطالبة بالانفصال والتجزئة؟ أم هل يمكننا أن نصمم نظاما لحكومة فدرالية تسمح للمجتمعات المحلية والأقاليم بكمّ معيّن من الاستقلالية والحرية في رعاية الاحتياجات المحلية الشرعية، بالتزامن مع العمل الجماعي على حل المشاكل ذات الطبيعة العالمية التي تؤثر عليهم جميعا وتؤدي إلى مجتمع عالمي أكثر اتحادا؟

من الأهمية بمكان الإجابة على هذا السؤال، فنحن بصدد خطر حقيقي يتمثل بالاندفاع نحو التجزئة على أنها الحل لجميع الصعوبات، في حين أننا بالواقع نطلق سلسلة من ردود الفعل التي تزيد من التجزئة إلى قطع أصغر وأصغر دون تصميم رابط بشكل جيد يربط بينها. وإذا استمر الحال على ما هو عليه، قد تؤدي هذه العملية بسهولة إلى التحول نحو انهيار ثلجي من التجزئة والتقسيم المتفاقم والناتج عن الخوف، الأمر الذي سيؤدي بالتأكيد إلى النزاع واليأس. ويتميز عالمنا اليوم بالترابط والتداخل، حيث تتطلب الأزمات العالمية الحلول العالمية المبنية على الإجراءات الجماعية، ولذلك، يشكل الطريق باتجاه التجزئة طريقاً نحو الهلاك بدلا من الخلاص.

إن الإجابة الحقيقية على هذا السؤال هي مضاعفة جهودنا والعمل بسرعة على عكس المسار من خلال إيجاد دولة عظمى فدرالية مبنية على أساس قوي من المبادئ التأسيسية المفصلة أعلاه، بالتزامن مع تسيير العالم نحو المزيد من الاندماج والتوحيد العميق، وادماج هذه المبادئ في نسيج وعمليات الحكومة العالمية مما سيؤدي إلى حماية الاحتياجات والطموحات الشرعية للأفراد والمجتمعات الأصغر على قدم المساواة مع تلبية الاحتياجات الجماعية للأرض. ضمن هذا الاتحاد العالمي، سيُطلب من كل فرد تقبل ولاء على نطاق أكبر يكون متناغماً تماما مع ولائه على النطاق الأصغر للدولة الوطنية. كما أنه يجب تصميم هذه الدولة الفدرالية لتلبية الاحتياجات الشرعية للشعوب الفردية

ومنحها الاستقلالية على العديد من القضايا ذات الصلة بالشؤون الشعبية الخاصة بها، بشكل يسمح لهم بالتعبير عن تنوعهم الثقافي وضمان المصلحة الكلية من خلال إلزام الأجزاء الفدرالية بالتنازل عن حقوق معينة في اتخاذ القرار لصالح الحكومة الفدرالية في المجالات ذات الصلة بالبشرية جمعاء. ويجب أن تشمل هذه الحقوق المتنازل عنها حق شن الحرب من قبل دولة ما على دولة أخرى حيث ستعتمد الدول على جيش مركزي يخدم الجميع ويحافظ على السلام. كما ويجب أن تشمل حق إدارة الموارد الطبيعية الأساسية، مثل موارد الطاقة، لمنفعة جميع شعوب العالم، وبهذا يتم القضاء على النزاع على موارد الطاقة وعلى امكانية الوصول الغير متكافئة لها. وعليها أن تشمل الحقوق الضريبية المحدودة لجمع الأموال الضرورية لمواجهة المشاكل العالمية مثل الاحتباس الحراري. ضمن هذا السياق، يمكن الموازنة ما بين الاحتياجات الخاصة بالمناطق المحلية والأقاليم والدول مع احتياجات جماعية معينة لتحقيق تلبية جميع الاحتياجات الشرعية والتعبير عن التنوع والقضاء على المحفزات الأساسية للانقسام والتجزئة.

سيكون المجتمع العالمي الذي يحقق هذا المستوى من الادماج قد وصل إلى الخطوة الطبيعية التالية في النضوج الجماعي والتطور المجتمعي، وسيكون أكثر سلاما وازدهارا وأمانا وصحة وسعادة. ولا شك أنه من الجدير السعي لتحقيق مثل هذه هي الأهداف!

الملاحظات والمراجع

1. Sherwood, Courtney. "No Fukushima Radiation in Tests Off U.S. West Coast." *Scientific American,* July 29, 2014.
2. U.N. High Commissioner for Refugees. *Syria Regional Refugee Response.* December 8, 2014. http://data.unhcr.org/syrianrefugees/regional.php (accessed December 8, 2014).
3. Nebehay, Stephanie. "Syrian Refugees Top 3 Million, half of All Syrians Displaced: UN." *Reuters*, August 29, 2014.
4. U.S. Department of State Office of the Spokesperson. "Building International Support to Counter ISIL." *www.state.gov.* September 19, 2014. http://www.state.gov/r/pa/prs/ps/2014/09/231886.htm.State; and Hammond, Philip. "Oral Statement to Parliament: Foreign Secretary on ISIL: Iraq and Syria." *www.gov.uk.* October 16, 2014. https://www.gov.uk/government/speeches/foreign-secretary-statement-on-isil-iraqand-syria.
5. Cooper, Helene, and Sheri Fink. "Obama Presses Leaders to Speed Ebola Response." *The New York Times*, September 16, 2014.
6. Universal House of Justice. "The Promise of World Peace." *reference.bahai.org.* Baha'i World Center. October 1985, at para 37. http://reference.bahai.org/en/t/uhj/PWP/.
7. Evans, Gareth. "The Responsibility to Protect: When it's right to fight." *crisigroup.org.* Progressive Politics. July 31, 2003. http://www.crisisgroup.org/en/publication-type/commentary/evans-the-responsibilityto-protect-when-its-right-to-fight.aspx.
8. Effendi, Shoghi. *World Order of Baha'u'llah.* First pocket-size edition. Wilmette, Illinois: Baha'i Publishing Trust, 1991.
9. Dedman, Martin. The Origins and Development of the European Union 1945-95: A History of European Integration. London and New York: Routledge, 1996, at 58.
10. Stirk, Peter M.R., and David Weigall. *The Origins and Development of European Integration.* London and New York: Pinter, 1999, at 31.
11. Dedman, Martin. The Origins and Development of the European Union 1945-95: A History of European Integration. London and New York: Routledge, 1996, at 57.
12. Dedman, Martin. The Origins and Development of the European Union 1945-95: A History of European Integration. London and New York: Routledge, 1996, at 49.
13. Dedman, Martin. The Origins and Development of the European Union 1945-95: A History of European Integration. London and New York: Routledge, 1996, at 59.
14. Dedman, Martin. The Origins and Development of the European Union 1945-95: A History of European Integration. London and New York: Routledge, 1996, at 58.

15. Stirk, Peter M.R., and David Weigall. *The Origins and Development of European Integration.* London and New York: Pinter, 1999, at 11.
16. Dedman, Martin. The Origins and Development of the European Union 1945-95: A History of European Integration. London and New York: Routledge, 1996, at 49.
17. Dedman, Martin. The Origins and Development of the European Union 1945-95: A History of European Integration. London and New York: Routledge, 1996, at 61.
18. Goormaghtigh, John. *European Coal and Steel Community.* Edited by Anne Winslow and Agnese N. Lockwood. New York: Carnegie Endowment for International Peace, 1995, at 359.
19. *Ibid.*
20. Fontaine, Pascal. *Jean Monnet, a grand design for Europe.* Luxembourg: Office for Official Publications of the European Communities, 1988, at 19.
21. *The Economist.* "The euro zone: That sinking feeling (again)." August 30, 2014.
22. Alderman, Liz. "Eurozone Eked out Growth in Third Quarter." *The New York Times,* November 14, 2014.
23. *The Economist.* "Europe's Currency Crisis: How to Save the Euro." September 17, 2011.
24. Cooper, Helene, and Annie Lowrie. "Eyeing 2012, White House Presses Europe on Debt." *The New York Times,* December 7, 2011.
25. Bradsher, Keith. "China Signals Reluctance to Rescue E.U." *The New York Times,* December 4, 2011.
26. *The Economist.* "The Future of the euro: Don't do it." December 2, 2010.
27. *The Economist.* "Italy and the euro: On the edge." July 14, 2011.
28. Thomas Jr., Landon, and Stephen Castle. "The Denials That Trapped Greece." *The New York Times,* November 5, 2011.
29. Mandelson, Peter. The Interview: Peter Mandelson, former British Cabinet Minister France 24. June 14, 2012.
30. Erlanger, Steven. "French President Warns of Dire Consequences if Euro Crisis Goes Unsolved." *The New York Times,* December 1, 2011.
31. *The Economist.* "The euro zone: Is this really the end?" November 26, 2011.
32. Mandelson, Peter. The Interview: Peter Mandelson, former British Cabinet Minister France 24. June 14, 2012.
33. Kulish, Nicholas. "With Germany in the Fold, Slovakia is Next to Vote on Euro Fund." *The New York Times,* September 29, 2011.
34. IMF Survey Online. IMF Members Vow to Confront Crisis, Prevent Escalation. September 24, 2011. http://www.imf.org/external/pubs/ft/survey/so/2011/pol092411a.htm.
35. MacMillan Center. *Global Economic Crisis: Solutions.* Yale University. April 8, 2014. http://yaleglobal.yale.edu/special_report/732.
36. Mandelson, Peter. The Interview: Peter Mandelson, former British Cabinet Minister France 24. June 14, 2012.

37. Ewing, Jack, and Niki Kitsantonis. "Trichet Calls for E.U. Finance Ministry to Curb Future Crises." *The New York Times*, June 2, 2011.
38. Roubini, Nouriel, interview by Owen Fairclough. *The Interview: Nouriel Roubini, Economist* France 24. June 12, 2012.
39. Mandelson, Peter. The Interview: Peter Mandelson, former British Cabinet Minister France 24. June 14, 2012.
40. Freeland, Chrystia, and Reuters. "To Save E.U., Europe Must Believe in It." *The New York Times*, June 7, 2012.
41. Story, Louise, and Matthew Saltmarsh. "Europeans Talk of Sharp Change in Fiscal Affairs." *The New York Times*, September 5, 2011.
42. Kulish, Nicholas, and Alan Cowell. "Urging Quick Action, Merkel Says Euro Fix Could Take Years." *The New York Times*, December 2, 2011.
43. Waterfield, Bruno. "EU suffers worst split in history as David Cameron blocks treaty change." *The Telegraph*, December 9, 2011.
44. Mandelson, Peter. The Interview: Peter Mandelson, former British Cabinet Minister France 24. June 14, 2012.
45. Erlanger, Steven. "French President Warns of Dire Consequences if Euro Crisis Goes Unsolved." *The New York Times*, December 1, 2011.
46. *The Economist*. "Charlemagne: The Sinking Euro." November 26, 2011.
47. "Eurozone facing 'systemic crisis': Barroso." *France 24*. November 16, 2011.
48. Spiegel, Peter. "Brussels Clears France and Italy's Budgets." *The Financial Times*, October 28, 2014.
49. Sinn, Hans-Werner. *Europe's Brush with Debt.* October 22, 2014. http://www.project-syndicate.org/commentary/eurozone-debt-mutualization-or-individualliability-by-hans-werner-sinn-2014-10#.
50. Erlanger, Steven. "Necessity, Not Inclination, Nudges Europeans Closer Fiscally and Politically." *The New York Times*, June 7, 2012.
51. Walker, Marcus. "Euro Zone Weighs Plan to Speed Fiscal Integration." *The Wall Street Journal*, November 26, 2011.
52. Thomas Jr., Landon, and Stephen Castle. "The Denials That Trapped Greece." *The New York Times*, November 5, 2011.
53. Erlanger, Steven. "Sarkozy and Merkel Push for Changes to Europe Treaty." *The New York Times*, December 5, 2011.
54. *Helsingin Sanomat*. "Rehn threatens rule-breaking euro countries with punishment." April 9, 2014.
55. "Eurozone facing 'systemic crisis': Barroso." *France 24*. November 16, 2011.
56. *The Economist*. "Charlemagne: Decision Time." May 12, 2011.
57. *The Economist*. "The future of Europe: Staring into the abyss." July 8, 2010.
58. Lyall, Sarah, and Julia Werdigier. "In Rejecting Treaty, Cameron is Isolated." *The New York Times*, December 9, 2011.
59. Lyall, Sarah, and Steven Erlanger. "European Commission Chief Assails Britain Over Treaty Veto." *The New York Times*, December 13, 2011.

60. BBC News. "Euro Zone Agrees to Follow the Original Rules." *The New York Times*, December 9, 2011; and Lyall, Sarah, and Julia Werdigier. "In Rejecting Treaty, Cameron is Isolated."

61. Freeland, Chrystia, and Reuters. "To Save E.U., Europe Must Believe in It." *The New York Times*, June 7, 2012.

62. Erlanger, Steven. "Necessity, Not Inclination, Nudges Europeans Closer Fiscally and Politically." *The New York Times*, June 7, 2012.

63. Norris, Floyd. "Why Not Give Greeks Their Say?" *The New York Times*, November 3, 2011.

64. "Eurozone facing 'systemic crisis': Barroso." *France 24*. November 16, 2011.

65. *The Economist*. "Europe's Currency Crisis: How to Save the Euro." September 17, 2011.

66. *The Economist*. "Charlemagne: Between two nightmares." June 16, 2012.

67. *The Economist*. "The euro zone: Is this really the end?" November 26, 2011.

68. Ewing, Jack, and Niki Kitsantonis. "Central Bank Chief Hints at Stepping Up Euro Support." *The New York Times*, December 1, 2011.

69. *The Economist*. "Europe's sovereign-debt crisis: Acropolis Now." April 29, 2010.

70. *The Economist*. "Charlemagne: Those Obstructive Brits." December 10, 2011.

71. "Eurozone facing 'systemic crisis': Barroso." *France 24*. November 16, 2011.

72. Castle, Stephen. "Crisis Batters E.U.'s Longtime Cherished Notion of Members' Equality." *The New York Times*, December 7, 2011.

73. Erlanger, Steven. "Talks May Test Partnership Between a Weak France and a Strong Germany." *The New York Times*, June 21, 2012.

74. Erlanger, Steven. "French President Warns of Dire Consequences if Euro Crisis Goes Unsolved." *The New York Times*, December 1, 2011.

75. *Ibid.*

76. Erlanger, Steven. "Money Flows, but What Euro Zone Lacks is Glue." *The New York Times*, November 30 2011.

77. Interview by Cyril Vanier. *World This Week* France 24. 2012.

78. Watt, Nicholas. "Eurozone Countries should form United States of Europe, says EC vice-president." *The Guardian*, February 17, 2014.

79. Erlanger, Steven. "Talks May Test Partnership Between a Weak France and a Strong Germany." *The New York Times*, June 21, 2012.

80. Ibid.

81. *The Economist*. "Europe's Currency Crisis: How to Save the Euro." September 17, 2011.

82. Erlanger, Steven. "Sarkozy and Merkel Push for Changes to Europe Treaty." *The New York Times*, December 5, 2011.

83. Pollard, Robert A. *Europe's Struggle for Democratic Legitimacy: Voters Say No to EU Super-State.* Center for Strategic and International Studies. July 10, 2014. http://csis.org/publication/europes-struggle democratic-legitimacy-voters-say-no-eu-super-state.

84. *The Economist.* "Economics focus: One Nation Overdrawn: Lessons for Europe from America's History." December 17, 2011.

85. Story, Louise, and Matthew Saltmarsh. "Europeans Talk of Sharp Change in Fiscal Affairs." *The New York Times*, September 5, 2011.

86. Cerami, Charles. *Young Patriots.* Naperville, IL: Sourcebooks, Inc., 2005, at 47.

87. Cerami, Charles. *Young Patriots.* Naperville, IL: Sourcebooks, Inc., 2005, at 40.

88. Cerami, Charles. *Young Patriots.* Naperville, IL: Sourcebooks, Inc., 2005, at 38.

89. Monnet, Jean. *Memoirs.* Translated by Richard Mayne. Garden City, New York: Doubleday & Company, Inc., 1978, at pages 31, 35, 140.

90. *Ibid*, at 197.

91. Barnard, Anne. "Three Years of Strife and Cruelty Puts Syria in Free Fall." *New York Times*, March 17, 2014.

92. Global Centre for the Responsibility to Protect. *Populations at Risk: Syria.* Global Centre for the Responsibility to Protect. http://www.globalr2p.org/regions/syria (accessed 2014).

93. Sengupta, Somini. "French Push U.N. to Seek War Crimes Case in Syria." *The New York Times*, April 4, 2014.

94. Gordon, Michael R., David E. Sanger, and Eric Schmitt. "U.S. Scolds Russia as It Weighs Options on Syrian War." *The New York Times*, February 17, 2014.

95. Barnard, Anne. "Three Years of Strife and Cruelty Puts Syria in Free Fall." *New York Times*, March 17, 2014.

96. Ignatieff, Michael. "With Syria, Diplomacy Needs Force." *The New York Times*, February 25, 2014.

97. Sanger, David E. "U.S. Commander Sees Key Nuclear Step by North Korea." *The New York Times*, October 24, 2014.

98. Sang-Hun, Choe. "North and South Korea Exchange Fire Across Dispute Sea Border." *The New York Times*, March 31, 2014.

99. Sang-Hun, Choe. "South Korea Tests Missile Able to Strike Most of North." *The New York Times*, April 4, 2014.

100. Carroll, James R. "Chemical Weapons Expert Wary of Syria." *USA Today*, September 26, 2014.

101. Perlez, Jane. "For China and Japan, a New Effort to Improve Relations Produces a Chilly Scene." *The New York Times*, November 10, 2014.

102. *The Economist.* "Russia and Ukraine: Military Marches." November 15, 2014.

103. Cooper, Helene, and Steven Erlanger. "Military Cuts Render NATO Less Formidable as Deterrent to Russia." *The New York Times*, March 26, 2014.

104. McTague, Tom. "Britain to send 1,000 troops to lead new NATO 'spearhead' force based in Poland amid growing threat from Russia." *The Daily Mail*, September 6, 2014.

105. Gordon, Michael R. "Nimble New NATO Force to Take Form Next Year." *The New York Times*, December 2, 2014.

106. *The Economist.* "The Collapse of Ukraine's Economy: Don't Chicken Out of Kiev." November 15, 2014.

107. Sang-Hun, Choe. "South Korea Tests Missile Able to Strike Most of North." *The New York Times*, April 4, 2014.

108. Abdu'l-Baha. *Secret of Divine Civilization.* Pocket-size edition. Wilmette, Illinois: Baha'i Publishing Trust, 1990, at 70.

109. Abdu'l-Baha. *Secret of Divine Civilization.* Pocket-size edition. Wilmette, Illinois: Baha'i Publishing Trust, 1990, at 71.

110. United Nations. "Charter of the United Nations." *United Nations.* June 26, 1945, Articles 43 and 46. http://www.un.org/en/documents/charter/index.shtml.

111. United Nations. "Charter of the United Nations." *United Nations.* June 26, 1945, Article 42. http:// www.un.org/en/documents/charter/index.shtml.

112. Ma'ani Ewing, Sovaida. *Collective Security Within Reach.* London: George Ronald Publications, 2008, at 121.

113. United Nations. "Charter of the United Nations." *United Nations.* June 26, 1945, Chapter VIII. http://www.un.org/en/documents/charter/index.shtml.

114. For a more detailed analysis, see *Collective Security Within Reach* 159 – 168.

115. *The Economist.* "Climate Change: Of Warming and Warnings." November 3, 2014; and Intergovernmental Panel on Climate Change. "Climate Change 2014: Synthesis Report." *ipcc.ch.* Intergovernmental Panel on Climate Change. November 14, 2014. http://www.ipcc.ch/report/ar5/syr/ (accessed November 14, 2014).

116. Intergovernmental Panel on Climate Change. "Climate Change 2014: Synthesis Report." *ipcc.ch.* Intergovernmental Panel on Climate Change. November 14, 2014. http://www.ipcc.ch/report/ar5/syr/ (accessed November 14, 2014).

117. Intergovernmental Panel on Climate Change. "Climate Change 2014: Impacts, Adaptation, and Vulnerability." *ipcc.ch.* Intergovernmental Panel on Climate Change. March 2014. http://www.ipcc.ch/report/ar5/wg2/.

118. Davenport, Coral. "Rising Seas." *The New York Times*, April 5, 2014.

119. Harris, Gardiner. "Borrowed Time on Disappearing Land." *The New York Times*, March 28, 2014.

120. *Ibid.*

121. Gillis, Justin. "Panel's Warning on Climate Risk: Worst is Yet to Come." *The New York Times*, March 31, 2014.

122. U. S. Geological Survey. *Sea Level Rise Accelerating in U.S. Atlantic Coast.* June 24, 2012. http://www.usgs.gov/newsroom/article.asp?ID=3256&from=rss_home#.VhuibItFAdc.

123. Melillo, Jerry M., Terese (T.C.) Richmond, and Gary W. Yohe. *Climate Change Impacts in the United States: The Third National Climate Assessment.* U.S. Global Change Research Program, U.S. Government Printing Office, 2014, at 841.

124. Southeast Florida Regional Climate Change Compact Technical Ad hoc Work Group. *A Unified Sea Level Rise Projection for Southeast Florida.* Southeast Florida Regional Climate Change Compact Steering Committee, 2011, at 27.

125. Gillis, Justin. "Panel's Warning on Climate Risk: Worst is Yet to Come." *The New York Times*, March 31, 2014.

126. Gillis, Justin. "Climate Efforts Falling Short, U.N. Panel Says." *The New York Times*, April 13, 2014.

127. Gillis, Justin. "Panel's Warning on Climate Risk: Worst is Yet to Come." *The New York Times*, March 31, 2014.

128. Harris, Gardiner. "Borrowed Time on Disappearing Land." *The New York Times*, March 28, 2014.

129. Gillis, Justin. "Climate Efforts Falling Short, U.N. Panel Says." *The New York Times*, April 13, 2014.

130. International Atomic Energy Agency. "IAEA Annual Report 2013." *iaea.org.* International Atomic Energy Agency. 2014.

131. International Energy Agency. *World Energy Outlook 2014.* Paris: IEA Publications, 2014.

132. Deutch, John, and Ernest J. Moniz. The Future of Nuclear Power: An Interdisciplinary MIT Study. Massachusetts Institute of Technology, 2003, at 19.

133. International Atomic Energy Agency. "IAEA Annual Report 2013." *iaea.org.* International Atomic Energy Agency. 2014. http://www.iaea.org/sites/default/files/anrep2013_full_0.pdf.

134. International Energy Agency. World Energy Outlook Special Report 2013: Redrawing the Energy Climate Map. Paris: IEA Publications, 2013; and Banerjee, Sudeshna Ghosh, et al. Global tracking framework: Sustainable energy for all. Working Paper, The World Bank, Washington, DC: The World Bank Group, 2013, at 289.

135. International Energy Agency. *World Energy Outlook 2014.* Paris: IEA Publications, 2014.

136. Krauss, Clifford. "There will be fuel." *The New York Times*, November 16, 2010.

137. Evans, Gareth. "Nuclear Energy in the Next Quarter Century: The IAEA's Role." *crisisgroup.org.* September 20, 2007. http://www.crisisgroup.org/en/publication-type/speeches/2007/evans-nuclear-energy-inthe-next-quarter-century-the-iaeas-role.aspx.

138. U.S. Energy Information Administration (EIA). "China." *eia.gov.* February 3, 2014. http://www.eia.gov/countries/cab.cfm?fips=CH.

139. Reuters. "U.N. Council Hits Impasse Over Debate on Warming." *The New York Times*, April 18, 2007.

140. *The Economist.* "Europe's Dirty Secret: The Unwelcome Renaissance." January 5, 2013.

141. *The Economist.* "Shale gas – Frack On." November 26, 2011.

142. *Ibid.*

143. Birnbaum, Michael. "Europe consuming more coal." *Washington Post*, February 7, 2013; and Johnson, Keith, and Ben Lefebvre. "U.S. Approves Expanded Gas Exports." *The Wall Street Journal*, May 18, 2013.

144. Polgreen, Lydia. "Europe Turns Back to Coal Raising Climate Fears." *The New York Times*, April 23, 2008.

145. Tabuchi, Hiroko. "An Energy Coup for Japan." *The New York Times*, March 12, 2013.

146. Mathiesen, Karl. "New Coal power stations threat to EU's emission targets." *The Guardian*, August 27, 2014.

147. Cala, Andres. "Russia Stands to Profit from Turn Away From Nuclear Power." *New York Times*, June 14, 2011.

148. Tabuchi, Hiroko. "Japan Quake is Causing Costly Shift to Fossil Fuels." *The New York Times*, August 19, 2011.

149. International Atomic Energy Agency. "Energy, Electricity and Nuclear Power Estimates for the Period up to 2050." Reference Data Series No. 1, International Atomic Energy Agency, Vienna, 2012; and Cala, Andres. "Russia Stands to Profit from Turn Away From Nuclear Power." *New York Times*, June 14, 2011.

150. Müller-Kraenner, Sascha. *Energy Security: Re-Measuring the World.* London: Earthscan, 2008, quoting "World Energy Outlook 2006."

151. *The Economist.* "Glittering Towers In a War Zone." December 7, 2006.

152. Reuters. "Iran Offers India Oil Supply Plan for January." *The New York Times*, January 4, 2011.

153. *Ibid.*

154. Bagchi, Indrani. "India, Iran and Oman go under sea to build pipelines, change geopolitics." *The Times of India*, March 1, 2014.

155. Follath, Eric. "Natural Resources are Fuelling A New Cold War." *Der Spiegel*, August 18, 2006; and CRI. "China, Iran sign biggest oil & gas deal." *China Daily.* October 31, 2004. http://www.chinadaily.com.cn/english/doc/2004-10/31/content_387140.htm.

156. *Iran signs $3.2 bn natural gas deal with China.* March 16, 2009. http://www.seatrade-global.com/news/asia/Iran-signs-3632bn-natural-gas-deal-with-China.html.

157. Yep, Eric. "New Russia-China Deal Could Further Hit Natural-Gas Prices." *The Wall Street Journal*, November 10, 2014.

158. Rivera, Ray, and Ruhullah Khapalwak. "Afghans Strained by Shortages as Iran Tightens Flow of Fuel." *The New York Times*, January 9, 2011.

159. Myers, Steven Lee. "Memo From Moscow: Belarus Learns that Days of Wine and Roses are Over." *The New York Times*, January 12, 2007.

160. Kramer, Andrew E. "Russia Tightens Pressure On Ukraine with Rise in Natural Gas Price." *The New York Times*, April 1, 2014.

161. Unger, David J. "Kerry to Russia: Don't Use Energy as a Weapon in Ukraine Crisis." *The Christian Science Monitor*, April 2, 2014.

162. Kramer, Andrew E. "Gazprom threatens to cut off gas if Belarus rejects higher price." *The New York Times*, December 27, 2006.

163. Myers, Steven Lee. "Belarus and Russia Spar Over Crude Oil Cut Off." *The New York Times*, January 9, 2007.
164. Myers, Steven Lee. "Memo From Moscow: Putin's Assertive Diplomacy is Seldom Challenged." *The New York Times*, December 27, 2006.
165. Reuters. "Iran Hints of Reduction of Oil Sales Over Nuclear Dispute." *The New York Times*, October 2, 2005.
166. Forero, Juan. "Venezuela Cautions US It May Curtail Oil Exports." *The New York Times*, February 27, 2006.
167. Krauss, Clifford. "Split By Infighting, OPEC keeps a cap on oil." *The New York Times*, June 8, 2011.
168. International Atomic Energy Agency. "IAEA Annual Report 2013." *iaea.org*. International Atomic Energy Agency. 2014 at 2. http://www.iaea.org/sites/default/files/anrep2013_full_0.pdf.
169. Yeomans, Matthew. "Crude Politics – The United State, China and the race for oil security." *The Atlantic Monthly*, April 2005, at 49.
170. Connors, Will. "Nigeria Turns Over Disputed Land to Cameroon." *The New York Times*, August 14, 2008.
171. Associated Press. "Africa's Oil Comes with Big Downside." *New York Times*, August 28, 2005.
172. International Crisis Group. *Fuelling the Niger Delta Crisis.* Africa Report, Dakar & Brussels: International Crisis Group, September 28, 2006.
173. *Nigeria: Timeline of recent unrest in Niger Delta region.* UN Office for the Coordination of Humanitarian Affairs Integrated Regional Information Networks (IRIN). February 4, 2010. http://www.irinnews.org/report/88002/nigeria-timeline-of-recent-unrest-inniger-delta-region; and Shank, Michael, and Kate Edelen. "Cleaning Up Big Oil in Nigeria." *U.S. News and World Report*, July 31, 2014.
174. U.S. Energy Information Administration (EIA). "Sudan and South Sudan." *eia.gov.* September 3, 2014. http://www.eia.gov/countries/cab.cfm?fips=SU; and Gettleman, Jeffrey. "Sudan's Leader Reaches Out Ahead of Vote;" and *The New York Times*, January 4, 2011.
175. Kron, Josh. "South Sudan Reports Air Attacks by Sudan." *The New York Times*, April 23, 2012; and Kron, Josh. "South Sudan Says Sudan Strikes Again." *The New York Times*, April 24, 2012.
176. Kushkush, Isma'il. "Sudan Says Military Evicts South's Army From Oil Area." *The New York Times*, April 20, 2012.
177. Tabuchi, Hiroko. "Japan Scrambles Jets in Islands Dispute with China." *The New York Times*, December 13, 2012; and Perlez, Jane. "China and Japan, in Sign of a Thaw, Agree to Disagree on a Disputed Island Group;" and *The New York Times*, November 7, 2014.
178. *The Economist.* "China and Japan – Locked On." February 9, 2013; and BBC News. *How Uninhabited islands soured China-Japan ties.* British Broadcasting Company (BBC). November 9, 2014. http://www.bbc.com/news/world-asia-pacific-11341139.

179. U.S. Energy Information Administration (EIA). "East China Sea." *eia.gov*. September 17, 2014. http://www.eia.gov/countries/regions-topics.cfm?fips=ECS.
180. Ghosh, Palash. "Balochistan: Pakistan's 'Dirty War' In Its Poorest, Most Lawless, But Resource-Rich Province." *International Business Times*, September 14, 2013.
181. *The Economist*. "The Nagorno-Karabakh conflict: A Festering Sore." October 3, 2013.
182. Grono, Nick. "Natural Resources and Conflict." Brussels: The International Crisis Group, May 31, 2006.
183. Perlez, Jane. "Japan Makes Overture to China in Islands Dispute." *The New York Times*, January 22, 2013; and *The Economist*. "South-East Asia and China – All change at ASEAN." February 9, 2013.
184. Müller-Kraenner, Sascha. *Energy Security: Re-Measuring the World*. London: Earthscan, 2008, at 149.
185. Warrick, Joby, and Juliet Eilperin. "Warming Arctic Opens Way to Competition for Resources." *The Washington Post*, May 15, 2011.
186. BBC News. "Canada Launches Mission to Map Arctic Seabed." British Broadcasting Company (BBC), August 8, 2014.
187. Grono, Nick. "Addressing the links between conflicts and natural resources." Brussels, February 9, 2006.
188. Soros, George. *Transparent Corruption*. DebtChannel. February 2003. https://www.globalpolicy.org/pmscs/30083.html.
189. Palley, Thomas I. "Lifting the Natural Resource Curse." *Foreign Service Journal* (American Foreign Service Association) 80 (December 2003), at 54.
190. Transparency International. *Oil and Gas*. http://www.transparency.org/topic/detail/oil_and_gas (accessed 2014).
191. LaFraniere, Sharon. "In Oil-Rich Angola, Cholera Preys Upon Poorest." *The New York Times*, June 16, 2006; and Pendleton, Andrew, Judith Melby, Liz Stuart, Johnl Davison, and Sue Bishop. *Fuelling Poverty: Oil, War and Corruption*. Christian Aid, 2003.
192. Duval-Smith, Alex. *Piped water projects offer health, opportunities to Angolan families*. U.N. Children's Fund (UNICEF). January 2012, 25. http://www.unicef.org/wash/angola_61423.html.
193. U.S. Energy Information Administration (EIA). "Angola." *eia.gov*. February 5, 2014. http://www.eia.gov/countries/cab.cfm?fips=AO.
194. Polgreen, Lydia. "World Bank Reaches Pact with Chad over Use of Oil Profits." *The New York Times*, July 15, 2006; and Polgreen, Lydia, and Celia W. Dugger. "Chad's Oil Riches, Meant for Poor, Are Diverted;" and *The New York Times*, February 18, 2006.
195. Polgreen, Lydia. "World Bank Ends Effort to Help Chad Ease Poverty." *The New York Times*, September 10, 2008.
196. Palley, Thomas I. "Lifting the Natural Resource Curse." *Foreign Service Journal* (American Foreign Service Association) 80 (December 2003), at 54-61; and Transparency International. *Corruption by Country / Territory*. http://www.transparency.org/country (accessed 2013).

197. *US embassy cables: Kazakhstan's anti-corruption campaign.* The Guardian. November 29, 2010. http://www.theguardian.com/world/us-embassy-cablesdocuments/203528.

198. Interfax-Kazakhstan. *Experts say corruption in Kazakhstan becoming systemic.* Interfax-Kazakhstan. March 14, 2014. https://www.interfax.kz/index.php?lang=eng&int_id=expert_opinions&news_id=1437.

199. Kramer, Andrew E. "Russia Cashes In on Anxiety Over Supply of Middle East Oil." *The New York Times*, March 7, 2011.

200. Pendleton, Andrew, Judith Melby, Liz Stuart, Johnl Davison, and Sue Bishop. *Fuelling Poverty: Oil, War and Corruption.* Christian Aid, 2003, at 4.

201. Reuters. "Global Oil Producers Discuss Supply." *The New York Times*, November 19, 2005.

202. Caruso, Guy F. *More Transparency against the threat of price instability.* October 31, 2009. http://www.abo.net/oilportal/topic/view.do?contentId=2053054.

203. International Crisis Group. *Fuelling the Niger Delta Crisis.* Africa Report, Dakar & Brussels: International Crisis Group, September 28, 2006.

204. Vidal, John. "Niger Delta oil spills clean-up will take 30 years, says UN." *The Guardian*, August 4, 2011.

205. *Associated Press.* "Shell and Nigeria have failed on oil pollution clean-up, Amnesty says." August 4, 2014.

206. Nossiter, Adam. "China Finds Resistance to Oil Deals in Africa." *The New York Times*, September 17, 2013.

207. Rohter, Larry. "Vast Pipelines in Amazon Face Challenges Over Protecting Rights and Rivers." *The New York Times*, January 21, 2007; and Scott, Wallace. "Rain Forest for Sale: Demand for oil is squeezing the life out of one of the world's wildest places." *National Geographic*, January 2013, at 82.

208. Austen, Ian. "Oil Sands Industry in Canada Tied to Higher Carcinogen Level." *New York Times*, January 7, 2013.

209. *The Economist.* "Shale gas – Frack On." November 26, 2011.

210. *The Economist.* "The Economist Explains: How Safe is Fracking." August 19, 2013.

211. *The Economist.* "Natural gas in Oklahoma – will frack you." November 19, 2011.

212. *The Economist.* "Brazil's Offshore Oil/In Deep Waters." February 3, 2011.

213. Reuters. "Obama oil spill commission's final report blames disaster on cost-cutting by BP and partners." *The Telegraph*, January 5, 2011.

214. International Atomic Energy Agency. "IAEA Annual Report 2013." *iaea.org.* International Atomic Energy Agency. 2014, at 2. http://www.iaea.org/sites/default/files/anrep2013_full_0.pdf.

215. Fackler, Martin. "Surging Oil and Food Prices Threaten the World Economy, Finance Ministers Warn." *The New York Times*, June 15, 2008.

216. *The Economist.* "Petrol Prices – A Jump at the Pump." January 27, 2011.

217. *The Economist*. "The real trouble with oil." April 28, 2005.
218. United Nations General Assembly. "World Summit Outcome." *unrol.org*. October 24, 2005, at 31. http://www.unrol.org/ doc.aspx?n=2005+World+Summit+Outcome.pdf.
219. *The Responsibility to Protect*. International Commission on Intervention and State Sovereignty, Ottawa: International Development Research Center, 2001, at 91.
220. U.N. Secretary General's High-level Panel on Threats, Challenges and Change. "A More Secure World: Our Shared Responsibility." United Nations Department of Public Information. December 2004, at para 203. https://www.un.org/en/peacebuilding/pdf/historical/ hlp_more_secure_world.pdf.
221. Secretary General. Secretary General, United Nations. In Larger Freedom: towards development, security and human rights for all. (A/59/2005). United Nations. 2005. United Nations, 2005, at 35.
222. United Nations General Assembly. "World Summit Outcome." *unrol.org*. October 24, 2005, at 31. http://www.unrol.org/ doc.aspx?n=2005+World+Summit+Outcome.pdf.
223. Interview by Cyril Vanier. *World This Week* France 24. October 16, 2012.
224. McKirdy, Euan, Bryony Jones, and Susannah Cullinane. *Five Secessionist Movements That Could Learn From Scotland*. CNN. September 19, 2014. http://www.cnn.com/2014/09/17/world/ scotland-fiveother-separatist-movements/.
225. *The Economist*. "The Economist explains Catalonia's Independence Movement." October 14, 2014.
226. Erlanger, Steven, and Alan Cowell. "Scotland Rejects Independence from United Kingdom." *The New York Times*, September 18, 2014.
227. *The Economist*. "Cue for another Viking Raid." November 18, 2013.
228. Erlanger, Steven. "Britain Pledges More Self-Rule for Scots if They Reject Scottish Independence." *The New York Times*, September 7, 2014.
229. Erlanger, Steven, and Alan Cowell. "Scotland Rejects Independence from United Kingdom." *The New York Times*, September 18, 2014.
230. Herszenhorn, David M. "Crimea Votes to Seceded from Ukraine as Russian Troops Keep Watch." *The New York Times*, March 16, 2014.
231. BBC News. *South Sudan Profile*. BBC News Africa. August 6, 2014. http://www.bbc.com/news/ worldafrica-14069082.

عن المؤلفة

تكتب وتحاضر سويدا معاني يوينغ في مجال الحاكمية العالمية والأمن الدولي. وقبل توليها منصب المديرة المؤسسة لمركز السلام والحكم العالمي، شغلت الآنسة معاني يوينغ منصب محامية مستشارة في مكتب المستشار القانوني لوزارة الخارجية الأمريكية. ولدت ونشأت سويدا في شرق إفريقيا ومن ثم في الشرق الأوسط، كما عاشت في المملكة المتحدة، حيث حصلت على شهادة الماجستير في القانون الدولي وقانون الاتحاد الأوروبي في جامعة كامبردج حيث تأهلت كمحامية مرافعة في إنجلترا وويلز. انتقلت بعد ذلك إلى الولايات المتحدة حيث تأهلت كمحامية ممارسة هناك، ومارست القانون في مكاتب محاماة مرموقة في مدينة واشنطن، منها مكتبها الخاص، وعملت كأستاذة مساعدة في كلية الحقوق في جامعة جورج واشنطن. كتبت الآنسة معاني يوينغ عدة كتب، ومنها *الأمن الجماعي في متناول اليد* (2008)، بالإضافة هي تكتب مدونة حول الحلول للمشاكل العالمية المتوفرة على الموقع http://collectivesecurity.blogspot.com.

مركز السلام والحكم العالمي

مركز السلام والحكم العالمي هو مركز دراسات افتراضي ومنتدى الكتروني يجمع ويقترح الحلول المبدئية للمشاكل العالمية من خلال المنشورات والمدونات الصوتية والمحاضرات وورش العمل والاستشارات المستهدفة.

http://www.centerforpeaceandglobalgovernance.org